LAROUSSE
Cuisine & Cie

Recettes pour Étudiants

Édition originale
Cet ouvrage a été publié pour la première fois en 2009
sous le titre *101 Speedy Suppers* par BBC Books,
une marque de Ebury Publishing,
un département de The Random House Group Ltd.

Toutes les recettes de ce livre ont été publiées
pour la première fois dans BBC Good Food magazine.

Édition française
Direction éditoriale Véronique de FINANCE-CORDONNIER
Édition Julie TALLET
Traduction Hélène NICOLAS
Direction artistique Emmanuel CHASPOUL
Réalisation Belle Page, Boulogne
Couverture Véronique LAPORTE
Fabrication Annie BOTREL

ISBN : 978-2-03-585188-8
ISSN : 2100-3343

RECETTES
POUR
ÉTUDIANTS

Jane Hornby

LAROUSSE

21 rue du Montparnasse 75283 Paris Cedex 06

Sommaire

Introduction

Les 101 recettes de ce livre ont été spécialement conçues pour les étudiants qui disposent de peu de temps pour faire leurs courses et cuisiner.

Vous trouverez dans ce livre des plats savoureux et économiques pour deux, quatre ou plus, qui feront l'unanimité!

Ce n'est pas parce que votre budget est serré ou que votre cuisine se limite à une simple kitchenette que vous ne pouvez pas vous préparer de bons petits plats. Bien au contraire! Vous trouverez dans cet ouvrage des recettes simplissimes, variées et équilibrées. De plus, elles sont savoureuses! Vous n'hésiterez plus à inviter vos amis à partager vos repas.

Gardez ce livre à portée de main : grâce à ces recettes succulentes, vous saurez toujours comment vous faire plaisir et régaler vos amis!

À propos des recettes

- Lavez tous les produits frais avant préparation.

- On trouve dans le commerce des petits œufs (de moins de 45 g), des œufs moyens (de 45 à 55 g), des gros œufs (de 55 à 65 g) et des extra-gros (de plus de 65 g). Sauf indication contraire, les œufs utilisés pour les recettes sont de calibre moyen.

- Sauf indication contraire, les cuillerées sont rases.
  1 cuillerée à café = 0,5 cl
  1 cuillerée à soupe = 1,5 cl

- Toutes les recettes réalisées avec des légumes en conserve peuvent, bien sûr, se cuisiner avec des légumes frais, et inversement. De la même manière, il est possible d'utiliser des cubes pour les bouillons de légumes ou de volaille ou de les préparer vous-même, si vous en avez le temps.

TABLEAU INDICATIF DE CUISSON

THERMOSTAT	TEMPÉRATURE
1	30 °C
2	60 °C
3	90 °C
4	120 °C
5	150 °C
6	180 °C
7	210 °C
8	240 °C
9	270 °C
10	300 °C

Ces indications sont valables pour un four électrique traditionnel.
Pour les autres fours, reportez-vous à la notice du fabricant.

TABLEAUX DES ÉQUIVALENCES FRANCE – CANADA

POIDS

55 g	2 onces
100 g	3,5 onces
150 g	5 onces
200 g	7 onces
250 g	9 onces
300 g	11 onces
500 g	18 onces
750 g	27 onces
1 kg	36 onces

Ces équivalences permettent de calculer le poids à quelques grammes près (en réalité, 1 once = 28 g).

CAPACITÉS

25 cl	9 onces
50 cl	17 onces
75 cl	26 onces
1 l	35 onces

Pour faciliter la mesure des capacités,
25 cl équivalent ici à 9 onces (en réalité, 23 cl = 8 onces = 1 tasse).

Cinq ingrédients et 15 minutes suffisent pour préparer ce délicieux plat de spaghettis, idéal pour recevoir vos amis à l'improviste.

Spaghettis aux crevettes

Pour 2 personnes
Préparation et cuisson : 15 min

- 175 g de spaghettis
- 1 petit bouquet de persil plat
- 1 citron non traité
- 2 cuill. à soupe d'huile d'olive
- 140 g de grosses crevettes crues décortiquées
- sel et poivre du moulin

POUR SERVIR
- quartiers de citron

1 Faites cuire les spaghettis dans une grande casserole d'eau bouillante salée. Pendant ce temps, hachez grossièrement le persil. Prélevez le zeste du citron à l'aide d'un Économe et pressez le fruit. Égouttez les pâtes en réservant 2 cuillerées à soupe d'eau de cuisson.

2 Mettez l'huile à chauffer dans une sauteuse et faites-y revenir les crevettes jusqu'à ce qu'elles soient roses. Incorporez le persil, le zeste et le jus de citron, puis versez les 2 cuillerées à soupe d'eau de cuisson des spaghettis. Mélangez bien le tout, assaisonnez et laissez chauffer quelques minutes.

3 Mélangez les pâtes avec les crevettes, puis servez-les avec des quartiers de citron.

• Par portion : 455 Calories – Protéines : 23 g – Glucides : 65 g – Lipides : 13 g (dont 2 g de graisses saturées) – Fibres : 3 g – Sel : 0,37 g – Sucres ajoutés : 3 g.

Rassasiants et rapides à préparer, les toasts au fromage sont très pratiques et économiques !

Toasts à la tomate et au fromage

Pour 4 personnes
Préparation et cuisson : 15 min

- 4 tranches de pain *ciabatta*
- 1 botte d'oignons nouveaux
- 100 g de tomates cerises
- 100 g de gruyère ou de cheddar
- 1 cuill. à café de piment en poudre
- 1 cuill. à soupe de Worcestershire sauce

1 Préchauffez le gril du four. Coupez les tranches de pain en biseau, disposez-les sur une plaque de cuisson, puis enfournez-les et faites-les dorer légèrement des deux côtés.

2 Émincez les oignons, coupez les tomates cerises en quatre et râpez le fromage. Dans un saladier, réunissez tous ces ingrédients, mélangez délicatement, puis incorporez le piment.

3 Étalez la préparation sur les toasts et nappez-les de Worcestershire sauce. Enfournez et laissez griller jusqu'à ce que le fromage ait fondu, puis servez aussitôt.

• Par portion : 250 Calories – Protéines : 13 g – Glucides : 28 g – Lipides : 11 g (dont 6 g de graisses saturées) – Fibres : 2 g – Sel : 1,16 g – Sucres ajoutés : 3 g.

Pour préparer ce plat encore plus rapidement, vous pouvez utiliser du poulet tandoori déjà cuit.

Salade de poulet aux amandes

Pour 2 personnes
Préparation et cuisson : 15 min

- 2 blancs de poulet sans la peau
- 1 cuill. à café de curry en poudre
- 3 cuill. à soupe d'huile d'olive
- 1/2 concombre
- 1/2 citron
- 2 cuill. à soupe d'amandes effilées
- 2 cuill. à soupe de chutney de mangue (dans les épiceries asiatiques)
- 50 g de cresson

POUR SERVIR (facultatif)

- pain croustillant

1 Ouvrez les blancs de poulet dans l'épaisseur pour qu'ils cuisent plus vite. Mélangez le curry avec 1 cuillerée à soupe d'huile d'olive dans un bol et enrobez-en les blancs de poulet. Dans une grande poêle antiadhésive, faites-les dorer 4 minutes chaque côté, puis coupez-les en lamelles.

2 Détaillez le demi-concombre en bâtonnets et pressez le demi-citron. Faites griller les amandes à sec dans une autre poêle antiadhésive. Dans un grand saladier, mélangez à l'aide d'un fouet le reste de l'huile, le chutney de mangue et quelques gouttes de jus de citron. Incorporez le concombre, le cresson, les lamelles de poulet et les trois quarts des amandes.

3 Répartissez la salade dans deux bols. Parsemez du reste d'amandes grillées et, si vous le souhaitez, servez avec du pain croustillant.

• Par portion : 399 Calories – Protéines : 37 g – Glucides : 10 g – Lipides : 24 g (dont 3 g de graisses saturées) – Fibres : 2 g – Sel : 0,78 g – Sucres ajoutés : 9 g.

Cette soupe maison est rassasiante, économique et rapide à préparer. L'alliance des petits pois et de la menthe est typiquement britannique.

Soupe aux petits pois et aux pommes de terre

Pour 4 personnes
Préparation et cuisson : 15 min

- 1 oignon
- 1 poignée de feuilles de menthe
- 800 g de pommes de terre
- 2 cuill. à café d'huile végétale
- 1 l de bouillon de légumes
- 350 g de petits pois surgelés
- sel et poivre du moulin

POUR SERVIR (facultatif)

- pain frais

1 Hachez l'oignon et la menthe. Pelez les pommes de terre, coupez-les en dés, puis mettez-les dans le bol d'un robot et mixez-les grossièrement. Dans une grande casserole, mettez l'huile à chauffer, puis faites-y revenir l'oignon pendant 5 minutes. Ajoutez les pommes de terre et le bouillon. Portez le tout à ébullition, couvrez et laissez mijoter de 3 à 5 minutes. Incorporez les petits pois et prolongez la cuisson de 2 minutes.

2 Retirez un quart des légumes de la casserole à l'aide d'une écumoire et réservez-les. Mixez le reste des légumes jusqu'à l'obtention d'une soupe homogène. Rassemblez dans la casserole la soupe et les légumes réservés. Ajoutez la menthe, assaisonnez, puis servez avec du pain frais, si vous le souhaitez.

• Par portion : 249 Calories – Protéines : 11 g – Glucides : 48 g – Lipides : 3 g (dont 1 g de graisses saturées) – Fibres : 9 g – Sel : 0,36 g – Sucres ajoutés : 7 g.

Variante d'un grand classique, ce croque-madame ouvert est aussi bon qu'atypique.

Croque-madame à la tomate

Pour 4 personnes
Préparation et cuisson : 15 min

- 100 g de cheddar
- 2 tomates
- 1/2 bouquet de persil
- 8 tranches épaisses de pain de campagne
- 50 g de beurre
- 3 cuill. à soupe de mayonnaise
- 8 tranches de jambon blanc
- 1 cuill. à soupe d'huile de tournesol
- 4 gros œufs
- sel et poivre du moulin

1 Préchauffez le gril du four. Râpez le cheddar, coupez les tomates en rondelles et hachez le persil. Beurrez les tranches de pain, placez-les sur une plaque de cuisson, enfournez-les et laissez-les griller pendant quelques minutes. Retournez les toasts et tartinez-les de mayonnaise. Disposez 1 tranche de jambon sur chacun d'eux, parsemez de fromage râpé et terminez par 1 rondelle de tomate. Glissez les toasts sous le gril et laissez-les cuire jusqu'à ce que le fromage ait fondu.

2 Pendant ce temps, dans une grande poêle antiadhésive, mettez l'huile à chauffer, puis faites frire les œufs au plat pendant 2 minutes. Couvrez et prolongez la cuisson de 1 minute.

3 Disposez les toasts sur quatre assiettes. Placez chaque œuf au plat à cheval sur deux toasts, puis parsemez de persil. Assaisonnez selon votre goût et servez.

• Par portion : 661 Calories – Protéines : 29 g – Glucides : 48 g – Lipides : 41 g (dont 17 g de graisses saturées) – Fibres : 4 g – Sel : 3,14 g – Sucres ajoutés : 3 g.

Les fèves surgelées sont petites et tendres et n'ont pas besoin d'être décortiquées avant d'être intégrées à ces pâtes en sauce.

Tagliatelles au poulet et aux fèves

Pour 4 personnes
Préparation et cuisson : 15 min

- 4 blancs de poulet sans la peau
- 1 cuill. à café d'huile d'olive
- 300 g de tagliatelles
- 175 g de fèves surgelées
- 1 citron
- 50 g de parmesan
- 85 g de crème fraîche allégée
- 1 petite poignée de persil frais
- sel et poivre du moulin

1 Préchauffez le gril du four. Placez les blancs de poulet sur une plaque de cuisson. Badigeonnez-les d'huile d'olive, assaisonnez-les, enfournez-les et laissez-les cuire 12 minutes, en les retournant à mi-cuisson.

2 Pendant ce temps, faites cuire les tagliatelles dans une grande casserole d'eau bouillante salée et ajoutez les fèves 3 minutes avant la fin du temps de cuisson. Pressez le citron, puis râpez le parmesan. Égouttez les pâtes en réservant 15 cl de l'eau de cuisson.

3 Coupez les blancs de poulet en lamelles et mettez-les dans une sauteuse avec la crème fraîche, le jus de citron, l'eau de cuisson réservée et 4 cuillerées à soupe de parmesan râpé. Faites chauffer le tout à feu doux et assaisonnez selon votre goût. Hachez le persil, parsemez-en la préparation, puis incorporez les pâtes avec les fèves. Saupoudrez du reste de parmesan et servez.

• Par portion : 524 Calories – Protéines : 50 g – Glucides : 62 g – Lipides : 10 g (dont 5 g de graisses saturées) – Fibres : 5 g – Sel : 0,47 g – Sucres ajoutés : 2 g.

Ces toasts sont également excellents avec des tomates fraîches, du jambon et des champignons.

Tartines aux poivrons et au thon

Pour 4 personnes
Préparation et cuisson : 15 min

- 280 g de poivrons grillés en bocal
- 1 petite poignée de persil frais
- 1 cuill. à soupe de purée de tomates
- 4 pains pour panini
- 200 g de thon en conserve
- 125 g de mozzarella
- sel et poivre du moulin

1 Préchauffez le gril du four. Égouttez les poivrons et détaillez-les en lamelles, puis hachez le persil. Réunissez-les dans un saladier avec la purée de tomates, assaisonnez et mélangez le tout.

2 Coupez les pains en deux et faites-les griller légèrement des deux côtés. Tartinez-les de la préparation à base de poivrons.

3 Égouttez le thon, émiettez-le et répartissez-le sur les tartines. Détaillez la mozzarella en petits morceaux et disposez-les sur le dessus. Enfournez ces tranches de pains et laissez-les cuire jusqu'à ce que le fromage fonde.

• Par portion : 393 Calories – Protéines : 25 g – Glucides : 38 g – Lipides : 17 g (dont 7 g de graisses saturées) – Fibres : 3 g – Sel : 2,37 g – Sucres ajoutés : 3 g.

Cette salade copieuse et saine est rapide à préparer car elle ne nécessite pas de cuisson.

Salade de crevettes à l'avocat

Pour 4 personnes
Préparation : 10 min

- 1 gros avocat mûr
- 1/2 citron
- 200 g de tomates cerises
- 4 oignons nouveaux
- 1 laitue
- 200 g de grosses crevettes cuites
- 2 cuill. à soupe d'huile d'olive

POUR LA SAUCE

- 1/2 citron
- 3 cuill. à soupe de mayonnaise
- 2 cuill. à soupe de ketchup

1 Préparez la sauce. Pressez le demi-citron et réservez la moitié du jus. Dans un bol, réunissez tous les ingrédients de la sauce, puis mélangez-les à l'aide d'un fouet. Ajoutez un peu d'eau si la sauce est trop épaisse.

2 Coupez l'avocat en deux, retirez le noyau et la peau, puis détaillez la chair en lamelles. Pressez le demi-citron et coupez les tomates cerises en deux. Émincez les oignons et coupez la laitue en lamelles. Dans un saladier, réunissez tous les ingrédients, puis ajoutez les crevettes. Versez l'huile d'olive, le jus du demi-citron restant et mélangez délicatement l'ensemble. Servez en présentant la sauce séparément.

• Par portion : 297 Calories – Protéines : 14 g – Glucides : 6 g – Lipides : 25 g (dont 3 g de graisses saturées) – Fibres : 3 g – Sel : 1,35 g – Sucres ajoutés : 5 g.

Cette sauce carbonara est si rapide à préparer qu'elle sera terminée le temps de cuire les pâtes !

Spaghettis à la carbonara express

Pour 4 personnes
Préparation et cuisson : 15 min

- 350 g de spaghettis
- 2 cuill. à café d'huile d'olive
- 140 g de dés de pancetta ou de lard fumé
- 1 gousse d'ail
- 50 g de parmesan
- 1 œuf
- 4 jaunes d'œufs
- sel et poivre du moulin

1 Mettez les pâtes à cuire dans une grande casserole d'eau bouillante salée.

2 Pendant ce temps, versez l'huile dans une poêle. Faites-y revenir les dés de pancetta jusqu'à ce qu'ils soient croustillants. Écrasez l'ail et râpez le parmesan. Ajoutez l'ail dans la poêle, puis arrêtez le feu. Dans un saladier, réunissez l'œuf entier, les jaunes d'œufs et les trois quarts du parmesan. Assaisonnez et battez le tout à l'aide d'un fouet.

3 Égouttez les spaghettis en réservant 1 cuillerée à soupe de l'eau de cuisson, puis transférez-les dans un plat de service. Incorporez les œufs battus et l'eau de cuisson réservée. Ajoutez la pancetta et l'ail, parsemez du reste de parmesan, puis servez.

• Par portion : 575 Calories – Protéines : 28 g – Glucides : 65 g – Lipides : 24 g (dont 9 g de graisses saturées) – Fibres : 3 g – Sel : 2,11 g – Sucres ajoutés : 3 g.

Cette sauce au thon italienne est parfaite pour relever des restes de poulet ou de pintade. Elle peut se conserver au réfrigérateur pendant 24 heures.

Salade de poulet et sauce au thon

Pour 4 personnes

Préparation et cuisson : 10 min

- 80 g de thon à l'huile en conserve
- 2 filets d'anchois en conserve
- 1/2 citron
- 100 g de mayonnaise (de préférence à l'huile d'olive)
- 1 cuill. à soupe de câpres
- 400 g de poulet ou de pintade
- 100 g de feuilles de roquette
- poivre du moulin
- sel du moulin (facultatif)

POUR SERVIR (facultatif)

- pain croustillant

1 Égouttez le thon et les filets d'anchois, puis pressez le demi-citron. Réunissez dans le bol d'un robot la mayonnaise, les trois quarts des câpres, 1 filet d'anchois, le thon et les trois quarts du jus de citron. Mixez jusqu'à ce que le thon soit entièrement incorporé à la mayonnaise et poivrez. Goûtez et, si nécessaire, salez et arrosez du reste de jus de citron. Si la sauce est trop épaisse, ajoutez un peu d'eau et mixez de nouveau.

2 Hachez le deuxième filet d'anchois. Disposez le poulet et la roquette sur un grand plat de service, puis nappez de sauce au thon. Parsemez d'anchois et du reste de câpres. Servez immédiatement, éventuellement avec du pain croustillant.

• Par portion : 263 Calories – Protéines : 33 g – Glucides : 1 g – Lipides : 14 g (dont 3 g de graisses saturées) – Fibres : 1 g – Sel : 0,76 g – Sucres ajoutés : 1 g.

Vous pouvez servir cette salade raffinée et complète en plat unique, à l'occasion d'un dîner léger.

Salade d'épinards au lard grillé

Pour 4 personnes
Préparation et cuisson : 20 min

- 140 g de haricots verts extrafins
- 200 g de champignons
- 6 tranches de lard fumé
- 1 citron
- 1 avocat
- 4 cuill. à soupe d'huile d'olive
- 1 bonne poignée de croûtons
- 250 g de pousses d'épinards

POUR LA VINAIGRETTE
- 1 petite gousse d'ail
- 1 cuill. à soupe de moutarde à l'ancienne
- 1 cuill. à soupe de vinaigre de vin rouge
- 3 cuill. à soupe d'huile d'olive vierge extra
- 1 cuill. à soupe d'eau
- sel et poivre du moulin

1 Plongez les haricots verts pendant 3 minutes dans une casserole d'eau bouillante. Rincez-les sous l'eau froide puis égouttez-les. Émincez les champignons, coupez le lard en petits morceaux et pressez le citron. Coupez l'avocat en deux, retirez le noyau et la peau, puis détaillez la chair en fines lamelles. Arrosez-les du jus de citron. Dans une poêle, faites chauffer 3 cuillères à soupe d'huile d'olive et mettez le lard à frire jusqu'à ce qu'il soit croustillant, puis réservez-le dans un saladier.

2 Incorporez les croûtons dans le jus de cuisson du lard et mélangez pour bien les en imbiber, puis ajoutez-les dans le saladier. Versez le reste d'huile d'olive dans la poêle et faites-y sauter les champignons. Arrêtez le feu, laissez tiédir, puis transférez les champignons dans le saladier, avec les haricots verts et l'avocat.

3 Préparez la vinaigrette. Écrasez l'ail. Placez-le dans un bol avec les autres ingrédients, puis assaisonnez et mélangez le tout. Quelques minutes avant de servir, ajoutez les épinards et la vinaigrette à la salade. Mélangez délicatement et servez.

- Par portion : 395 Calories – Protéines : 10 g – Glucides : 13 g – Lipides : 34 g (dont 6 g de graisses saturées) – Fibres : 4 g – Sel : 1,51 g – Sucres ajoutés : 3 g.

Ces œufs brouillés sur toasts peuvent se servir en guise de repas ou d'en-cas et sont faciles à préparer en plus grande quantité.

Œufs brouillés aux tomates

Pour 1 personne

Préparation et cuisson : 15 min

- 25 g de cheddar
- quelques brins de ciboulette ou 1 oignon nouveau
- 1 oignon nouveau
- 3 ou 4 tomates cerises
- 2 tranches de pain croustillant
- 2 œufs
- 1 cuill. à soupe de crème fraîche
- 1 cuill. à café d'huile végétale
- sel et poivre du moulin

1 Râpez le cheddar et ciselez la ciboulette. Émincez l'oignon, coupez les tomates cerises en deux, puis faites griller le pain.

2 Dans un saladier, réunissez les œufs, la crème fraîche, le fromage râpé et la ciboulette. Salez, poivrez, puis mélangez l'ensemble à l'aide d'un fouet.

3 Mettez l'huile à chauffer dans une poêle et faites-y revenir l'oignon pendant quelques minutes. Ajoutez les tomates, laissez chauffer quelques minutes, puis versez le contenu du saladier dans la poêle. Prolongez la cuisson à feu doux en remuant, jusqu'à ce que les œufs soient juste pris. Placez les toasts dans une assiette. Recouvrez-les des œufs brouillés et servez sans attendre.

• Par portion : 571 Calories – Protéines : 30 g – Glucides : 42 g – Lipides : 33 g (dont 13 g de graisses saturées) – Fibres : 2 g – Sel : 1,98 g – Sucres ajoutés : 4 g.

Si vous utilisez un reste de riz, veillez à bien le réchauffer avant de servir le plat.

Riz cantonais express

Pour 2 personnes
Préparation et cuisson : 20 min

- 100 g de riz basmati cru (ou 250 g de restes de riz cuit)
- 200 g de petits pois surgelés
- 1 œuf
- 2 tranches de lard
- 175 g de champignons
- 1 gousse d'ail
- 1 morceau de gingembre de 2 cm
- 2 cuill. à café d'huile végétale
- 2 cuill. à café de sauce soja
- 1 cuill. à café de sucre en poudre

1 Mettez le riz à cuire dans de l'eau bouillante salée, puis égouttez-le et laissez-le refroidir. Faites décongeler les petits pois. Pendant ce temps, battez l'œuf et coupez le lard en morceaux. Émincez les champignons, écrasez l'ail, puis râpez le gingembre.

2 Dans une poêle, mettez l'huile à chauffer et faites frire l'œuf en remuant de temps en temps, jusqu'à ce qu'il soit ferme. Retirez-le de la poêle, détaillez-le en lamelles et réservez. Mettez le lard et les champignons dans la poêle, puis laissez-les revenir pendant 3 minutes. Ajoutez les petits pois, l'ail et le gingembre, mélangez et prolongez la cuisson de 1 minute.

3 Dans un bol, mélangez la sauce soja et le sucre. Augmentez le feu sous la poêle. Ajoutez le riz, réchauffez le tout et arrosez le mélange de sauce soja sucrée, puis incorporez l'œuf. Si vous le souhaitez, ajoutez quelques gouttes de sauce soja, puis servez.

• Par portion : 355 Calories – Protéines : 18 g – Glucides : 48 g – Lipides : 11 g (dont 3 g de graisses saturées) – Fibres : 6 g – Sel : 1,81 g – Sucres ajoutés : 6 g.

Ce plat se prépare en dix minutes à peine.
Riche en fibres et pauvre en graisse, il est excellent pour la santé.

Nouilles chinoises aux petits pois et au lard grillé

Pour 1 personne
Préparation et cuisson : 10 min

- 1 tranche de lard fumé
- 2 oignons nouveaux
- 50 g de petits pois surgelés
- 1 pincée de paprika
- 2 cuill. à café de fécule de maïs
- 20 cl de bouillon de légumes
- 150 g de nouilles chinoises précuites
- 1 cuill. à soupe de Worcestershire sauce

1 Dégraissez le lard et coupez-le en morceaux. Émincez les oignons nouveaux en séparant les parties blanches des vertes. Dans une casserole antiadhésive, faites cuire le lard pendant quelques minutes. Ajoutez les parties blanches des oignons, les petits pois et le paprika, puis prolongez la cuisson de 1 minute.

2 Pendant ce temps, dans un saladier, délayez la fécule de maïs avec le quart du bouillon jusqu'à l'obtention d'une pâte. Incorporez le mélange au contenu de la casserole, versez le reste du bouillon, les nouilles et la Worcestershire sauce. Laissez mijoter 2 minutes, jusqu'à ce que la sauce épaississe. Parsemez de la partie verte des oignons nouveaux et servez.

• Par portion : 356 Calories – Protéines : 15 g – Glucides : 68 g – Lipides : 5 g (dont 1 g de graisses saturées) – Fibres : 8 g – Sel : 1,29 g – Sucres ajoutés : 4 g.

Vous pouvez également farcir des tortillas avec un mélange de poulet rôti, de fromage râpé, de chutney de mangue et d'oignons nouveaux.

Tortillas au poulet et aux haricots rouges

Pour 2 personnes
Préparation et cuisson : 15 min

- 200 g de haricots rouges en conserve
- 1 oignon nouveau
- 1 grosse poignée de feuilles de coriandre
- 50 g de poulet rôti
- 85 g de cheddar vieux
- 2 grandes tortillas
- 4 cuill. à soupe de sauce mexicaine
- 1 cuill. à soupe d'huile végétale

POUR SERVIR

- 1 avocat
- 2 citrons verts

1 Égouttez et rincez les haricots, puis écrasez-les grossièrement à la fourchette. Émincez l'oignon et ciselez les trois quarts de la coriandre. Coupez le poulet en petits morceaux, puis râpez le cheddar. Badigeonnez chaque tortilla de 2 cuillerées à soupe de sauce mexicaine. Répartissez sur l'une d'elles les haricots, les morceaux d'oignon, le poulet et le fromage. Parsemez de coriandre, puis recouvrez avec l'autre tortilla et badigeonnez-le d'huile.

2 Mettez à chauffer une grande poêle antiadhésive. Faites-y cuire le sandwich de tortillas, côté huilé en dessous, pendant 3 minutes.

3 Pendant ce temps, coupez l'avocat en deux, retirez le noyau et la peau, puis détaillez la chair en lamelles. Coupez les citrons verts en quartiers. Retournez délicatement le sandwich à l'aide d'une spatule et laissez cuire 2 minutes. Coupez le sandwich en quatre, parsemez du reste de coriandre, puis servez avec l'avocat et les quartiers de citron vert.

• Par portion : 533 Calories – Protéines : 27 g – Glucides : 44 g – Lipides : 29 g (dont 12 g de graisses saturées) – Fibres : 6 g – Sel : 3,18 g – Sucres ajoutés : 7 g.

La stir-fry sauce est une sauce épicée à base de sauce soja. Vous la trouverez dans les épiceries asiatiques.

Bœuf au sésame et salade de concombre

Pour 4 personnes
Préparation et cuisson : 15 min

- 4 biftecks d'aloyau fins ou 4 entrecôtes minute
- 15 cl de stir-fry sauce ou de sauce soja
- 1 cuill. à soupe de graines de sésame

POUR LA SALADE DE CONCOMBRE

- 1/2 piment rouge
- 1 concombre non pelé
- 3 oignons nouveaux
- 1 poignée de feuilles de coriandre fraîche
- 1 cuill. à café de vinaigre de vin blanc
- 1 cuill. à café de sauce soja

POUR SERVIR

- riz basmati

1 Mettez douze brochettes en bois à tremper dans de l'eau et préchauffez le gril du four. Dégraissez la viande et coupez chaque bifteck en trois lamelles. Dans un saladier, mélangez la viande, la stir-fry sauce et les graines de sésame. Enfilez un morceau de viande sur chaque brochette et enfournez-les pour 6 minutes, en les retournant à mi-cuisson.

2 Pendant ce temps, préparez la salade. Épépinez et hachez le demi-piment. Coupez le concombre en morceaux, puis émincez les oignons nouveaux et rassemblez le tout dans un autre saladier. Ajoutez le piment et la coriandre ciselée. Dans un bol, mélangez le vinaigre avec la sauce soja et versez la vinaigrette sur la salade. Brassez le tout délicatement, puis servez avec les brochettes et du riz basmati.

• Par portion : 228 Calories – Protéines : 32 g – Glucides : 8 g – Lipides : 8 g (dont 3 g de graisses saturées) – Fibres : 1 g – Sel : 2,21 g – Sucres ajoutés : 8 g.

Inutile d'aller faire des courses. Les ingrédients de ce plat simple se trouvent sans doute déjà dans vos placards.

Penne au thon et à la tomate

Pour 4 personnes
Préparation et cuisson : 15 min

- 400 g de penne
- 200 g de thon à l'huile en conserve
- 190 g de pesto en bocal
- 100 g de cheddar
- 250 g de tomates cerises

POUR SERVIR (facultatif)

- salade verte

1 Préchauffez le gril du four. Faites cuire les penne dans une grande casserole d'eau bouillante salée.

2 Pendant ce temps, réunissez dans un grand saladier le thon avec son huile et le pesto. Mélangez bien le tout à l'aide d'une cuillère en bois. Râpez le cheddar et incorporez-en le tiers dans le saladier. Coupez les tomates cerises en deux, ajoutez-les au mélange, puis brassez bien l'ensemble.

3 Égouttez les pâtes et incorporez-les à la préparation. Transférez l'ensemble dans un plat à gratin, puis parsemez du reste du fromage râpé. Enfournez et laissez cuire jusqu'à ce que le fromage ait fondu. Si vous le souhaitez, servez avec une salade verte.

• Par portion : 696 Calories – Protéines : 40 g – Glucides : 79 g – Lipides : 27 g (dont 11 g de graisses saturées) – Fibres : 4 g – Sel : 1,5 g – Sucres ajoutés : 5 g.

Cette recette printanière met parfaitement en valeur le goût des asperges. Celles-ci ont en plus l'avantage de cuire très vite.

Asperges au thon et aux haricots blancs

Pour 4 personnes

Préparation et cuisson : 15 min

- 1 grosse botte d'asperges vertes
- 400 g de thon au naturel en conserve
- 800 g de haricots blancs en conserve
- 1 oignon rouge
- 2 cuill. à soupe de câpres

POUR LA VINAIGRETTE

- 1 cuill. à soupe d'huile d'olive
- 1 cuill. à soupe de vinaigre de vin rouge
- 1 poignée d'estragon frais

1 Faites cuire les asperges dans une grande casserole d'eau bouillante salée pendant 5 minutes. Égouttez-les et rincez-les à l'eau froide, puis coupez-les en morceaux de 3 cm.

2 Égouttez le thon et les haricots blancs. Rincez les haricots, puis émincez l'oignon. Dans un grand saladier, émiettez le thon et ajoutez les haricots blancs, l'oignon, les câpres et les morceaux d'asperges. Brassez délicatement le tout.

3 Préparez la vinaigrette. Dans un bol, mélangez l'huile avec le vinaigre. Hachez finement l'estragon et incorporez-le à la sauce. Versez la vinaigrette sur la salade, puis servez.

• Par portion : 275 Calories – Protéines : 33 g – Glucides : 26 g – Lipides : 5 g (dont 1 g de graisses saturées) – Fibres : 8 g – Sel : 1,28 g – Sucres ajoutés : 6 g.

Servez ce bouillon avec des coupelles de jus de citron vert, de sucre en poudre et de sauce nuoc-mâm pour que chacun puisse l'assaisonner à son goût.

Bouillon thaï au poulet et aux champignons

Pour 4 personnes

Préparation et cuisson : 15 min

- 1 citron vert non traité
- 100 g de champignons de Paris
- 1 botte d'oignons nouveaux
- 200 g de poulet rôti
- 1 l de bouillon de poulet
- 1 cuill. à soupe de pâte de curry rouge
- 1 cuill. à soupe de sauce nam-pla (à base de poisson)
- 2 cuill. à café de sucre en poudre

1 Prélevez le zeste du citron vert à l'aide d'un Économe et détaillez-le en lamelles. Émincez les champignons, ciselez les oignons nouveaux en séparant les parties blanches des vertes, puis coupez le poulet en morceaux. Versez le bouillon de poulet dans une casserole. Ajoutez la pâte de curry, la sauce nam-pla, le sucre, le jus et les trois quarts du zeste de citron vert. Portez à ébullition, puis ajoutez les champignons et la partie blanche des oignons nouveaux. Couvrez et laissez mijoter 2 minutes.

2 Incorporez les morceaux de poulet et les trois quarts de la partie verte des oignons. Laissez réchauffer le tout quelques minutes à feu doux. Transvasez dans des bols à l'aide d'une louche, parsemez du reste d'oignon et du zeste de citron, puis servez.

• Par portion : 179 Calories – Protéines : 25 g – Glucides : 6 g – Lipides : 6 g (dont 1 g de graisses saturées) – Fibres : 1 g – Sel : 2,32 g – Sucres ajoutés : 4 g.

Ces bruschettas peuvent se déguster en en-cas, en entrée ou en guise de déjeuner léger.

Bruschettas aux tomates et à la ricotta

Pour 4 personnes
Préparation et cuisson : 15 min

- 1 petite gousse d'ail
- 4 cuill. à soupe d'huile d'olive vierge extra
- 8 tranches de pain au levain ou de campagne
- 200 g de ricotta
- 1 poignée de feuilles de basilic frais
- 350 g de tomates cerises en grappe
- sel et poivre du moulin

POUR SERVIR

- quelques feuilles de basilic

1 Préchauffez le gril du four. Écrasez l'ail, mettez-le dans un pot, arrosez-le d'huile d'olive et réservez le tout.

2 Posez les tranches de pain sur une plaque de cuisson. Enfournez-les et laissez-les cuire 2 minutes de chaque côté. Retirez les toasts du four et badigeonnez-les d'un peu d'huile aillée à l'aide d'un pinceau. Ciselez le basilic et incorporez-le à la ricotta, dans un saladier. Coupez en deux une partie des tomates cerises et disposez-les dans un autre saladier, puis arrosez-les de 2 cuillerées à soupe d'huile aillée.

3 Tartinez chaque toast d'une couche épaisse de ricotta au basilic. Ajoutez les grappes de tomates cerises entières et quelques demi-tomates marinées dans l'huile. Salez, poivrez, puis arrosez du reste d'huile à l'ail. Décorez avec quelques feuilles de basilic et servez.

• Par portion : 390 Calories – Protéines : 11 g – Glucides : 49 g – Lipides : 18 g (dont 5 g de graisses saturées) – Fibres : 4 g – Sel : 1,07 g – Sucres ajoutés : 5 g.

Si votre appétit est grand, augmentez la teneur en protéines de ce plat en ajoutant une poignée de noix de cajou.

Nouilles au poulet et au poivron

Pour 2 personnes
Préparation et cuisson : 15 min

- 150 g de nouilles chinoises aux œufs
- 2 cuill. à café de fécule de maïs
- 2 cuill. à soupe de sauce nuoc-mâm (à base de poisson) ou de sauce soja
- 1 cuill. à soupe de sucre en poudre
- 1 poivron rouge
- 2 gousses d'ail
- 4 oignons nouveaux
- 200 g de poulet rôti
- 1 petit bouquet de basilic ou de coriandre frais
- 1 cuill. à soupe d'huile de tournesol
- 1 cuill. à café de graines de coriandre en poudre
- 1/2 cuill. à café de piment en poudre
- 100 g de petits pois surgelés

1 Faites cuire les nouilles. Pendant ce temps, mélangez dans un bol la fécule de maïs, la sauce nuoc-mâm et le sucre jusqu'à l'obtention d'une sauce homogène. Incorporez 8 cuillères à soupe d'eau et réservez. Égouttez les nouilles.

2 Épépinez et hachez le poivron, puis émincez l'ail et les oignons nouveaux. Détaillez le poulet en morceaux et hachez grossièrement les trois quarts du basilic.

3 Mettez l'huile à chauffer dans un wok ou dans une sauteuse. Faites-y revenir le poivron, l'ail et les oignons nouveaux pendant 3 minutes. Incorporez le poulet, la coriandre, le piment et les petits pois. Laissez cuire quelques secondes. Ajoutez la sauce et prolongez la cuisson en remuant jusqu'à ce qu'elle épaississe. Incorporez les nouilles et le basilic haché, parsemez des feuilles de basilic restantes, puis servez.

• Par portion : 820 Calories – Protéines : 48 g – Glucides : 114 g – Lipides : 22 g (dont 5 g de graisses saturées) – Fibres : 8 g – Sel : 4,95 g – Sucres ajoutés : 18 g.

Si vous le souhaitez, ajoutez quelques olives à ce délicieux plat de pâtes.

Penne aux saucisses et à la tomate

Pour 4 personnes
Préparation et cuisson : 20 min

- 400 g de penne
- 450 g de saucisses
- 250 g de champignons de Paris
- 1 cuill. à soupe d'huile de tournesol ou d'olive
- 500 g de tomates cerises
- les feuilles de 2 brins de romarin frais
- 1 poignée de persil plat

1 Faites cuire les penne dans une grande casserole d'eau bouillante salée.

2 Pendant ce temps, coupez les saucisses en gros morceaux et les champignons en deux. Dans une grande poêle, mettez l'huile à chauffer. Faites-y revenir les saucisses et les champignons pendant 5 minutes. Ajoutez les tomates et laissez-les cuire jusqu'à ce qu'elles éclatent. Hachez le romarin et le persil.

3 Égouttez les pâtes et incorporez-les à la préparation. Ajoutez le romarin et le persil, mélangez bien le tout, puis servez.

• Par portion : 681 Calories – Protéines : 29 g – Glucides : 86 g – Lipides : 27 g (dont 7 g de graisses saturées) – Fibres : 5 g – Sel : 1,52 g – Sucres ajoutés : 8 g.

Cette variante du bœuf sauté au cinq-épices permet de contrôler facilement le degré de cuisson de la viande.

Bœuf épicé et choux chinois

Pour 2 personnes
Préparation et cuisson : 30 min

- 1 bifteck d'aloyau d'environ 300 g
- 2 cuill. à café de cinq-épices (cannelle, graines de fenouil, anis étoilé, poivre, clous de girofle à parts égales)
- 1 cuill. à café d'huile de sésame
- 3 têtes de *bok choï* (choux chinois)
- sel et poivre du moulin

POUR LA SAUCE

- 2 gousses d'ail
- 1 morceau de gingembre de 2 cm
- 100 g de sauce aux haricots noirs (dans les épiceries asiatiques)
- 2 cuill. à soupe de vinaigre de riz

POUR SERVIR

- riz vapeur

1 Préparez la sauce. Écrasez l'ail et râpez le gingembre. Réunissez les ingrédients de la sauce dans une casserole. Mélangez et faites mijoter jusqu'à ce que la sauce soit chaude.

2 Faites chauffer un gril sur feu vif. Enrobez le bifteck de cinq-épices, puis assaisonnez-le légèrement. Saisissez la viande 2 ou 3 minutes de chaque côté, ou plus, selon le degré de cuisson souhaité, puis réservez.

3 Dans un wok ou dans une sauteuse, faites chauffer l'huile de sésame. Coupez les bok choï en deux et laissez-les cuire 4 ou 5 minutes dans le wok, puis arrosez-le de quelques cuillerées de sauce. Détaillez le bifteck en tranches épaisses et disposez-les dans un plat de service, avec les demi-choux et du riz. Servez avec une coupelle de sauce.

• Par portion : 352 Calories – Protéines : 36 g – Glucides : 13 g – Lipides : 18 g (dont 7 g de graisses saturées) – Fibres : 3 g – Sel : 4,50 g – Sucres ajoutés : 9 g.

Pour confectionner la raïta qui accompagne ces croquettes de poisson, mélangez 150 g de yaourt avec une cuillerée à café de gelée de menthe et une cuillerée à soupe de coriandre fraîche hachée.

Croquettes de poisson à l'indienne

Pour 2 personnes

Préparation et cuisson : 35 min

- 600 g de pommes de terre
- 1/2 cuill. à café de graines de cumin
- 2 oignons nouveaux
- 2 cuill. à soupe de coriandre fraîche
- 1 piment rouge
- 1 œuf
- 100 g de saumon cuit
- quelques cuill. à soupe de farine
- 25 g de beurre
- 1 cuill. à soupe d'huile de tournesol
- sel et poivre du moulin

POUR SERVIR

- salade verte
- raïta
- chutney de mangue (facultatif, dans les épiceries asiatiques)

1 Portez de l'eau salée à ébullition dans une casserole. Coupez les pommes de terre en dés, mettez-les dans la casserole et laissez-les bouillir pendant 15 minutes.

2 Faites griller brièvement les graines de cumin à sec dans une poêle antiadhésive. Hachez les oignons et la coriandre, puis épépinez le piment et hachez-le. Battez l'œuf dans un bol. Égouttez les pommes de terre, puis remettez-les dans la casserole. Ajoutez les graines de cumin, les oignons, le piment et la coriandre. Assaisonnez, puis écrasez le tout à la fourchette. Laissez tiédir, puis émiettez le saumon et incorporez-le au mélange avec 2 cuillerées à soupe d'œuf battu. Façonnez quatre galettes avec la préparation, puis enrobez-les de farine.

3 Dans une sauteuse, faites chauffer le beurre et l'huile. Laissez cuire les croquettes 2 minutes de chaque côté. Servez avec de la salade et de la raïta ou, éventuellement, du chutney de mangue.

• Par portion : 551 Calories – Protéines : 23 g – Glucides : 60 g – Lipides : 26 g (dont 9 g de graisses saturées) – Fibres : 4 g – Sel : 0,43 g – Sucres ajoutés : 2 g.

Le poulet au citron se prépare avec des ingrédients courants et a bien meilleur goût quand il est fait maison.

Nouilles chinoises au poulet et aux légumes

Pour 2 personnes
Préparation et cuisson : 25 min

- 2 blancs de poulet sans la peau
- 1 citron non traité
- 1 morceau de gingembre de 3 cm
- 1 cuill. à soupe d'huile de tournesol
- 1 cuill. à soupe de sucre en poudre
- 2 cuill. à café de fécule de maïs
- 4 oignons nouveaux
- 1 cuill. à soupe de noix de cajou
- 125 g de nouilles chinoises aux œufs
- 100 g de petits pois surgelés
- 100 g de haricots verts surgelés

1 Coupez le poulet en lamelles. Prélevez le zeste du citron à l'aide d'un Économe, puis pressez le fruit et râpez le gingembre. Dans une sauteuse, mettez l'huile à chauffer et faites revenir le poulet jusqu'à ce qu'il soit pratiquement cuit. Réservez-le dans une assiette. Ajoutez 25 cl d'eau, le zeste et le jus de citron, le gingembre et le sucre.

2 Dans un saladier, délayez la fécule de maïs avec un peu d'eau, puis incorporez-la au contenu de la poêle. Portez à ébullition tout en remuant. Remettez le poulet dans la poêle et laissez mijoter quelques minutes, jusqu'à ce qu'il soit cuit.

3 Faites cuire les nouilles, les petits pois et les haricots verts dans de l'eau bouillante pendant 4 minutes. Pendant ce temps, émincez les oignons et faites griller les noix de cajou à sec dans une poêle antiadhésive. Égouttez les nouilles et les légumes, puis incorporez-les au poulet avec les oignons. Répartissez le mélange dans des bols, parsemez de noix de cajou et servez.

• Par portion : 553 Calories – Protéines : 47 g – Glucides : 69 g – Lipides : 12 g (dont 2 g de graisses saturées) – Fibres : 6 g – Sel : 1,10 g – Sucres ajoutés : 12 g.

Égayez un plat d'agneau aux pommes de terre grâce à une touche de houmous au citron, à l'ail, aux fines herbes et aux olives.

Agneau et purée de pommes de terre au houmous

Pour 2 personnes
Préparation et cuisson : 25 min

- 500 g de pommes de terre nouvelles
- 2 tranches de gigot d'agneau
- 1 cuill. à café d'huile d'olive
- quelques tomates cerises en grappe
- 10 olives vertes dénoyautées
- 1 petite poignée de persil plat
- 3 cuill. à soupe de houmous
- sel et poivre du moulin

1 Préchauffez le gril du four. Portez de l'eau salée à ébullition dans une casserole et faites-y cuire les pommes de terre jusqu'à ce qu'elles soient tendres.

2 Pendant ce temps, disposez l'agneau dans un plat allant au four puis assaisonnez-le. Badigeonnez-le d'un peu d'huile d'olive et faites-le cuire 3 ou 4 minutes. Retournez les tranches d'agneau, ajoutez les tomates dans le plat et prolongez la cuisson jusqu'à ce que les tomates éclatent.

3 Hachez grossièrement les olives et le persil. Égouttez les pommes de terre, remettez-les dans la casserole, puis écrasez-les légèrement à l'aide d'une fourchette. Incorporez le houmous, les olives et le persil à la purée de pommes de terre. Assaisonnez généreusement. Servez dans le même plat les tranches de gigot, la purée au houmous et les tomates.

- Par portion : 552 Calories – Protéines : 46 g – Glucides : 43 g – Lipides : 23 g (dont 7 g de graisses saturées) – Fibres : 5 g – Sel : 1,70 g – Sucres ajoutés : 5 g.

Pour changer des pâtes, faites des gnocchis !
Ce plat en sauce est délicieux et nourrissant.

Gnocchis et épinards à la bolognaise

Pour 4 personnes
Préparation et cuisson : 30 min

- 1 cuill. à café d'huile d'olive
- 500 g de bœuf maigre haché
- 800 g de tomates pelées et concassées en conserve
- 1 cuill. à soupe de fines herbes séchées
- 500 g de gnocchis
- 400 g d'épinards
- 125 g de mozzarella allégée
- sel et poivre du moulin

1 Préchauffez le gril du four. Versez l'huile d'olive dans une casserole et faites revenir la viande hachée pendant quelques minutes. Ajoutez les tomates, les fines herbes et 40 cl d'eau. Portez à ébullition, puis laissez mijoter 20 minutes. Pendant ce temps, mettez à cuire les gnocchis dans une grande casserole d'eau bouillante salée. Lorsqu'ils remontent à la surface, retirez-les à l'aide d'une écumoire. Réservez l'eau de cuisson.

2 Rincez les épinards puis mettez-les dans une passoire et arrosez-les de l'eau de cuisson des gnocchis pour les faire fondre. Pressez les épinards pour en extraire le maximum d'eau, puis réservez-les dans la passoire.

3 Incorporez les gnocchis et les épinards à la sauce bolognaise. Assaisonnez, puis transférez le tout dans un plat allant au four. Détaillez la mozzarella en petits morceaux. Parsemez-en le plat, enfournez-le et laissez-le cuire jusqu'à ce que le fromage bouillonne. Servez aussitôt.

• Par portion : 518 Calories – Protéines : 44 g – Glucides : 50 g – Lipides : 18 g (dont 8 g de graisses saturées) – Fibres : 6 g – Sel : 2,40 g – Sucres ajoutés : 8 g.

Ce plateau-télé exotique apporte trois des cinq fruits et légumes recommandés par jour. Les morceaux de poisson épicé sont une agréable alternative aux bâtonnets de poisson pané du commerce.

Tacos au haddock et salade de haricots

Pour 2 personnes
Préparation et cuisson : 15 min

- 200 g de haricots rouges en conserve
- 1 morceau de concombre de 10 cm de long non pelé
- 85 g de tomates cerises
- 1/2 citron
- 1 avocat mûr
- 2 filets de haddock sans la peau d'environ 140 g chacun
- 1 cuill. à soupe de farine
- 1 cuill. à soupe de curry doux en poudre
- 2 cuill. à café d'huile végétale

POUR SERVIR

- 1 citron vert
- 4 tacos
- crème aigre (ou crème fraîche additionnée de quelques gouttes de jus de citron)

1 Égouttez et rincez les haricots. Coupez le concombre en dés, les tomates cerises en deux et pressez le demi-citron. Coupez l'avocat en deux, retirez le noyau et la peau, puis hachez la chair. Dans un saladier, mélangez l'avocat avec le jus de citron. Ajoutez les haricots, le concombre et les tomates. Assaisonnez, puis brassez le tout et réservez.

2 Coupez le poisson en bâtonnets. Dans un autre saladier, mélangez la farine et le curry, puis enrobez-en les morceaux de poisson.

3 Dans une grande poêle antiadhésive, mettez l'huile à chauffer. Faites frire les morceaux de poisson 1 minute de chaque côté. Coupez le citron vert en quartiers. Servez les tacos et le poisson sur un grand plat, avec la salade de haricots, la crème aigre et quelques quartiers de citron vert.

• Par portion : 396 Calories – Protéines : 35 g – Glucides : 23 g – Lipides : 19 g (dont 2 g de graisses saturées) – Fibres : 9 g – Sel : 1 g – Sucres ajoutés : 5 g.

Les fonds de pizza surgelés sont très pratiques.
Veillez à en avoir toujours d'avance pour préparer à l'improviste cette délicieuse pizza à déguster avec une simple salade.

Pizza à la saucisse et aux oignons

Pour 2 personnes
Préparation et cuisson : 25 min

- 1 gros oignon rouge
- 2 gousses d'ail
- 2 saucisses
- 1 cuill. à soupe d'huile d'olive
- 5 cuill. à soupe de purée de tomates
- 1 pincée de sucre en poudre
- 1 fond de pizza de 25 cm de diamètre
- 50 g d'emmental ou de parmesan
- 1 poignée de feuilles de basilic frais
- sel et poivre du moulin

1 Préchauffez le four à 220 °C (therm. 7-8). Pelez l'oignon, puis émincez-le. Écrasez l'ail et coupez les saucisses en rondelles. Dans une casserole, mettez l'huile d'olive à chauffer. Faites-y frire l'oignon et l'ail pendant 5 minutes.

2 Mélangez la purée de tomates avec le sucre, salez et poivrez. Posez le fond de pizza sur une plaque de cuisson. Badigeonnez-le de purée de tomates, en laissant 1 cm de pâte autour sans garniture. Ajoutez l'ail, l'oignon et les rondelles de saucisses. Râpez l'emmental et parsemez-en la pizza, puis enfournez pour 10 minutes. Parsemez de basilic et servez.

• Par portion : 654 Calories – Protéines : 26 g – Glucides : 75 g – Lipides : 30 g (dont 11 g de graisses saturées) – Fibres : 4 g – Sel : 3 g – Sucres ajoutés : 11 g.

Si vous préparez ce plat avec des lentilles sèches, faites-en cuire 200 g dans de l'eau bouillante pendant 20 minutes, égouttez-les puis rincez-les.

Crevettes à l'ail et salade de lentilles

Pour 4 personnes
Préparation et cuisson : 25 min
Marinade : 15 min

- 400 g de crevettes décortiquées (fraîches ou décongelées)
- 1 citron vert non traité
- 2 piments rouges
- 2 grosses gousses d'ail
- 2 cuill. à soupe d'huile végétale
- 500 g de lentilles du Puy en conserve
- 1 bouquet de coriandre fraîche

POUR LA VINAIGRETTE
- 3 cuill. à soupe de graines de sésame
- 2 cuill. à soupe de sauce soja
- 1 cuill. à soupe de miel liquide
- 1 cuill. à soupe de vinaigre de riz

1 Disposez les crevettes dans un plat creux. Prélevez le zeste du citron à l'aide d'un Économe et pressez le fruit. Épépinez les piments puis hachez-les. Écrasez l'ail et mettez-le dans un bol avec la moitié des piments, l'huile, le zeste et le jus du citron vert. Mélangez et versez le tout sur les crevettes. Couvrez et réservez au frais pendant 15 minutes.

2 Préparez la vinaigrette. Faites griller les graines de sésame à sec dans une poêle antiadhésive. Dans un autre bol, mélangez le reste du piment, la sauce soja, le miel et le vinaigre. Réchauffez les lentilles, puis transférez-les dans un saladier. Ajoutez la vinaigrette et les graines de sésame, puis mélangez l'ensemble.

3 Faites chauffer une sauteuse, ôtez les crevettes de la marinade et laissez-les cuire 1 ou 2 minutes de chaque côté. Ajoutez la marinade, puis portez à ébullition. Hachez grossièrement les trois quarts de la coriandre et incorporez-les aux lentilles. Répartissez la salade dans quatre assiettes, ajoutez les crevettes, arrosez de marinade, parsemez du reste de coriandre et servez.

• Par portion : 349 Calories – Protéines : 33 g – Glucides : 29 g – Lipides : 12 g (dont 2 g de graisses saturées) – Fibres : 5 g – Sel : 1,89 g – Sucres ajoutés : 4 g.

Pourquoi attendre une occasion spéciale pour savourer un bon plat de viande rôtie? Cette recette copieuse ne prendra que 35 minutes de votre temps.

Côtelettes d'agneau aux carottes et aux pommes de terre

Pour 2 personnes
Préparation et cuisson : 35 min

- les feuilles de 1 brin de romarin frais
- 400 g de pommes de terre nouvelles
- 250 g de petites carottes
- 1 cuill. à soupe d'huile végétale
- 10 cl de vin rouge
- 10 cl de bouillon d'agneau
- 1 à 2 cuill. à soupe à café de gelée de groseilles
- 4 côtelettes d'agneau
- sel et poivre du moulin

POUR SERVIR (facultatif)

- légumes verts

1 Préchauffez le four à 220 °C (therm. 7-8). Hachez les feuilles de romarin. Étalez les pommes de terre et les carottes sur une plaque de cuisson. Enrobez-les d'huile et de romarin, assaisonnez-les généreusement puis enfournez pour 15 minutes.

2 Pendant ce temps, réunissez le vin et le bouillon dans une petite casserole. Portez à ébullition et laissez bouillir jusqu'à ce que le mélange ait réduit des deux tiers. Incorporez la gelée de groseilles, puis assaisonnez et réservez au chaud.

3 Huilez légèrement les côtelettes, assaisonnez-les et disposez-les parmi les légumes. Enfournez de nouveau et laissez cuire de 8 à 10 minutes selon le degré de cuisson souhaité, en retournant les côtelettes à mi-cuisson. Servez avec la sauce et, éventuellement, des légumes verts.

• Par portion : 606 Calories – Protéines : 34 g – Glucides : 44 g – Lipides : 32 g (dont 13 g de graisses saturées) – Fibres : 5 g – Sel : 0,70 g – Sucres ajoutés : 13 g.

Originale et colorée, cette purée de soja au basilic est une délicieuse alternative à la traditionnelle purée de pommes de terre.

Cabillaud et purée de soja au basilic

Pour 2 personnes
Préparation et cuisson : 25 min

- 1 citron non traité
- 2 petites grappes de tomates cerises
- 1 cuill. à soupe d'huile d'olive
- 2 filets de cabillaud ou autre poisson blanc sans la peau de 140 g chacun
- 1 bouquet de basilic frais
- 240 g de graines de soja surgelées
- 1 gousse d'ail
- 10 cl de bouillon de poulet ou de légumes
- sel et poivre du moulin

1 Préchauffez le four à 200 °C (therm. 6-7). Prélevez le zeste du citron à l'aide d'un Économe et détaillez-le en lamelles, puis pressez le fruit. Disposez les tomates cerises sur une plaque de cuisson. Arrosez-les d'un filet d'huile d'olive, assaisonnez-les, enfournez-les et laissez-les cuire jusqu'à ce que la peau se fende. Ajoutez le poisson et parsemez-le des trois quarts du zeste de citron. Assaisonnez, arrosez d'un filet d'huile d'olive, puis enfournez et laissez cuire de 8 à 10 minutes.

2 Pendant ce temps, effeuillez le basilic. Portez de l'eau salée à ébullition dans une casserole et faites bouillir les graines de soja pendant 3 minutes. Égouttez-les et transférez-les dans le bol d'un robot, avec le reste de l'huile, l'ail, les tiges du basilic, la moitié du jus de citron et le bouillon. Mixez jusqu'à l'obtention d'une purée épaisse, puis assaisonnez selon votre goût.

3 Répartissez les tomates et la purée dans deux assiettes. Ajoutez le poisson, parsemez de feuilles de basilic et du reste du zeste de citron, puis servez.

- Par portion : 372 Calories – Protéines : 44 g – Glucides : 17 g – Lipides : 15 g (dont 3 g de graisses saturées) – Fibres : 6 g – Sel : 0,50 g – Sucres ajoutés : 3 g.

Servez ce porc glacé chinois avec du riz et des légumes verts ou émincez-le et disposez-le sur un grand plat de nouilles chinoises.

Porc glacé aux oignons nouveaux

Pour 4 personnes
Préparation et cuisson : 25 min
Marinade : 20 min

- 4 steaks de porc
- 1 botte d'oignons nouveaux

POUR LA MARINADE
- 2 gousses d'ail
- 2 cuill. à soupe de vin de riz ou de xérès sec
- 6 cuill. à soupe de sauce soja
- 4 cuill. à café de sucre roux

POUR SERVIR
- riz blanc

1 Préparez la marinade. Écrasez l'ail, puis réunissez les ingrédients de la marinade dans un sac de congélation avec les steaks. Secouez bien le tout afin d'enduire la viande de marinade et laissez reposer au réfrigérateur pendant 20 minutes ou une nuit entière. Pendant ce temps, détaillez les oignons nouveaux en bâtonnets.

2 Préchauffez un gril sur feu moyen, puis posez les steaks dessus en réservant la marinade. Laissez-les cuire environ 8 minutes, en les retournant à mi-cuisson et en les arrosant régulièrement d'un peu de marinade.

3 Réservez la viande sur une assiette. Versez un peu de marinade dans une petite casserole, portez à ébullition et laissez bouillir jusqu'à l'obtention d'une sauce sirupeuse. Coupez la viande en tranches, puis nappez-la de sauce. Parsemez de bâtonnets d'oignons et servez avec du riz blanc.

• Par portion : 365 Calories – Protéines : 30 g – Glucides : 10 g – Lipides : 23 g (dont 9 g de graisses saturées) – Fibres : 1 g – Sel : 4,28 g – Sucres ajoutés : 9 g.

Avec cette recette, vous aurez très peu de vaisselle à faire et vous pourrez même la déguster dans son plat de cuisson !

Pilaf de poulet aux légumes

Pour 1 personne
Préparation et cuisson : 35 min

- 1 petit oignon
- 1 cuisse de poulet désossée sans la peau
- 1 cuill. à café d'huile de tournesol
- 2 cuill. à café de pâte de curry
- 85 g de riz basmati
- 20 cl de bouillon de poulet
- 140 g de légumes surgelés mélangés (chou-fleur, haricots verts, petits pois…)
- 1 poignée d'épinards surgelés
- sel et poivre du moulin

1 Hachez l'oignon et coupez le poulet en gros morceaux. Dans une poêle à fond épais, mettez l'huile à chauffer et faites-y revenir l'oignon pendant 5 ou 6 minutes. Ajoutez les morceaux de poulet et prolongez la cuisson de quelques minutes afin de les faire dorer. Incorporez la pâte de curry, le riz et laissez cuire pendant 1 minute.

2 Versez le bouillon dans la poêle. Ajoutez les légumes surgelés les plus gros et portez à ébullition. Baissez le feu, couvrez, puis laissez cuire pendant 10 minutes. Incorporez le reste des légumes et parsemez d'épinards. Couvrez et prolongez la cuisson, jusqu'à ce que le riz ait absorbé tout le bouillon. Mélangez l'ensemble, puis assaisonnez selon votre goût et régalez-vous !

• Par portion : 663 Calories – Protéines : 50 g – Glucides : 92 g – Lipides : 13 g (dont 2 g de graisses saturées) – Fibres : 10 g – Sel : 1,94 g – Sucres ajoutés : 13 g.

Les boulettes de dinde sont aussi savoureuses mais bien moins caloriques que les boulettes de bœuf.

Boulettes de dinde aux fines herbes

Pour 5 personnes
Préparation et cuisson : 30 min

- 350 g de dinde
- 1 petit bouquet de persil plat
- 85 g de chapelure
- 5 cuill. à soupe de lait
- 2 cuill. à café d'origan séché
- 500 g de pâtes
- 2 cuill. à café d'huile d'olive
- 680 g de purée de tomates à l'ail et à l'oignon
- 4 cuill. à café de sucre en poudre
- sel et poivre du moulin

1 Hachez la dinde et le persil à l'aide d'un robot. Dans un grand saladier, délayez la chapelure avec le lait, jusqu'à ce que ce dernier soit entièrement absorbé. Ajoutez la viande hachée, la moitié de l'origan et la moitié du persil. Assaisonnez, puis mélangez le tout à l'aide d'une fourchette. Mouillez-vous les mains et façonnez 30 boulettes avec la préparation.

2 Faites cuire les pâtes dans une grande casserole d'eau bouillante salée. Pendant ce temps, mettez l'huile à chauffer dans une grande poêle antiadhésive, et faites-y brunir les boulettes pendant 5 minutes, en les retournant régulièrement. Ajoutez la purée de tomates, le sucre, le reste de l'origan et les trois quarts du persil restant. Mélangez, puis laissez mijoter 10 minutes.

3 Égouttez les pâtes et transférez-les dans un plat de service. Assaisonnez la préparation, puis répartissez-la sur les pâtes. Parsemez du reste du persil et servez.

• Par portion : 260 Calories – Protéines : 25 g – Glucides : 33 g – Lipides : 4 g (dont 1 g de graisses saturées) – Fibres : 1 g – Sel : 1,45 g – Sucres ajoutés : 12 g.

Simple, efficace, rapide... et copieux!

Gratin de pâtes au jambon et aux champignons

Pour 5 personnes
Préparation et cuisson : 30 min

- 500 g de pâtes
- 200 g de champignons
- 1 botte d'oignons nouveaux
- 140 g de jambon
- 140 g de cheddar vieux
- 50 g de beurre
- 50 g de farine
- 50 cl de lait
- sel et poivre du moulin

1 Préchauffez le four à 200 °C (therm. 6-7). Faites cuire les pâtes dans une grande casserole d'eau bouillante salée. Coupez les champignons en deux, puis émincez les oignons. Hachez le jambon et râpez le cheddar. Dans une grande casserole, faites fondre 5 g de beurre et mettez-y les champignons à revenir pendant 2 minutes. Réservez-les sur une assiette. Égouttez les pâtes et réservez-les.

2 Faites fondre le reste de beurre dans la casserole. Mettez-y à revenir les trois quarts des oignons nouveaux pendant 1 minute. Incorporez la farine, prolongez la cuisson de 1 minute et versez le lait en mélangeant. Augmentez le feu, portez à ébullition et laissez bouillonner jusqu'à ce que la sauce épaississe, puis arrêtez le feu. Incorporez le jambon, les trois quarts du cheddar râpé et assaisonnez.

3 Dans un plat à gratin, réunissez tout ces ingrédients, puis mélangez bien. Parsemez du reste de fromage râpé et des oignons, enfournez pour 10 minutes et servez.

• Par portion : 678 Calories – Protéines : 31 g – Glucides : 89 g – Lipides : 25 g (dont 14 g de graisses saturées) – Fibres : 4 g – Sel : 1,58 g – Sucres ajoutés : 8 g.

Pour un repas complet, associez cette salade composée à du pain croustillant.

Salade de pommes de terre au lard et au bleu

Pour 4 personnes
Préparation et cuisson : 35 min

- 500 g de pommes de terre à chair ferme
- 2 cuill. à soupe d'huile d'olive
- 2 oignons rouges
- 4 tranches de lard fumé
- 140 g de champignons
- 1 cuill. à soupe de moutarde à l'ancienne
- 1 cuill. à soupe de vinaigre de vin rouge
- 100 g de feuilles de cresson et d'épinards
- 85 g de bleu
- sel du moulin

1 Préchauffez le four à 220 °C (therm. 7-8). Coupez les pommes de terre en tranches et mettez-les dans un plat à rôtir. Badigeonnez-les de 1 cuillerée à soupe d'huile d'olive, saupoudrez-les de sel, puis enfournez pour 15 minutes. Coupez les oignons en quartiers, ajoutez-les dans le plat et prolongez la cuisson de 15 minutes. Laissez refroidir hors du four.

2 Pendant ce temps, dégraissez le lard, coupez-le en morceaux, puis émincez les champignons. Faites chauffer une poêle antiadhésive et mettez-y le lard à revenir. Ajoutez les champignons, puis laissez-les cuire 5 minutes.

3 Dans un bol, mélangez à l'aide d'un fouet la moutarde, le vinaigre, le reste de l'huile et un peu d'eau. Réunissez dans un saladier les feuilles de cresson et d'épinards, les pommes de terre, les oignons, le lard et les champignons. Arrosez de vinaigrette et mélangez le tout délicatement. Émiettez le bleu sur la salade, puis servez.

• Par portion : 289 Calories – Protéines : 11 g – Glucides : 25 g – Lipides : 17 g (dont 7 g de graisses saturées) – Fibres : 3 g – Sel : 1,65 g – Sucres ajoutés : 5 g.

Ces côtes de porc cuisent également à la perfection sur un barbecue. Cette recette est d'ailleurs idéale pour les soirées d'été au jardin.

Côtes de porc glacées et salade de maïs

Pour 4 personnes
Préparation et cuisson : 30 min

- 12 petites (ou 8 grosses) côtes de porc
- 15 cl de sauce barbecue

POUR LA SALADE

- 340 g de maïs en conserve
- 1/2 concombre
- 1/2 citron vert
- 1 piment rouge
- 1/2 oignon rouge
- sel et poivre du moulin

POUR SERVIR

- 1/2 citron vert

1 Préchauffez le gril du four. Mettez les côtes de porc dans une grande casserole d'eau et faites-les mijoter pendant 15 minutes à feu doux. Égouttez-les, épongez-les à l'aide de papier absorbant et disposez-les dans un plat à rôtir. Enrobez-les de sauce barbecue, puis enfournez pour 10 minutes, en les retournant à mi-cuisson.

2 Pendant ce temps, préparez la salade. Égouttez le maïs, rincez-le, coupez le demi-concombre en dés et pressez le demi-citron vert. Épépinez le piment et hachez-le avec le demi-oignon rouge. Dans un grand saladier, réunissez le maïs, le concombre, le piment et le demi-oignon. Ajoutez le jus du citron vert, puis assaisonnez et mélangez le tout délicatement.

3 Juste avant de servir, secouez le plat à rôtir de façon à enduire les côtes de sauce. Répartissez le porc dans quatre assiettes. Coupez le demi-citron vert restant en quartiers et disposez-les sur les assiettes avec la salade.

• Par portion : 449 Calories – Protéines : 34 g – Glucides : 30 g – Lipides : 22 g (dont 8 g de graisses saturées) – Fibres : 2 g – Sel : 1,22 g – Sucres ajoutés : 18 g.

Inutile d'attendre l'été pour savourer une salade niçoise : en hiver, utilisez tout simplement des tomates séchées.

Salade niçoise aux tomates séchées

Pour 4 personnes
Préparation et cuisson : 35 min

- 450 g de pommes de terre à chair ferme
- 2½ cuill. à soupe d'huile d'olive
- 4 œufs
- 2 cuill. à soupe de câpres
- 50 g de tomates séchées à l'huile
- 1/2 oignon rouge
- 350 g de thon au naturel en conserve
- 1 cuill. à soupe de vinaigre de vin rouge
- 100 g de pousses d'épinards
- sel et poivre du moulin

1 Préchauffez le four à 200 °C (therm. 6-7). Coupez les pommes de terre en tranches épaisses. Enrobez-les de 1/2 cuillerée à soupe d'huile d'olive, assaisonnez-les, puis disposez-les sur une plaque de cuisson. Enfournez pour 20 minutes, en retournant les pommes de terre à mi-cuisson.

2 Pendant ce temps, mettez les œufs dans une casserole d'eau. Portez à ébullition et laissez mijoter de 8 à 10 minutes, en fonction du degré de cuisson recherchée. Plongez les œufs dans un saladier d'eau froide, écalez-les, puis coupez-les en deux.

3 Rincez les câpres et hachez les tomates. Émincez le demi-oignon rouge, puis égouttez le thon. Dans un grand saladier, battez au fouet le reste de l'huile d'olive, le vinaigre de vin rouge, les câpres et les tomates, puis assaisonnez. Ajoutez l'oignon, les épinards, le thon, les pommes de terre et mélangez délicatement le tout. Disposez les œufs sur la salade et servez sans attendre.

• Par portion : 332 Calories – Protéines : 25 g – Glucides : 23 g – Lipides : 16 g (dont 3 g de graisses saturées) – Fibres : 3 g – Sel : 1,35 g – Sucres ajoutés : 3 g.

L'alliance inattendue du pain à l'ail et du chili con carne surprendra agréablement vos amis. Ce sont toutes les saveurs du Sud qui s'invitent ainsi à votre table.

Chili con carne et pain à l'ail

Pour 4 personnes
Préparation et cuisson : 40 min

- 500 g de bœuf maigre haché
- 2 oignons
- 2 cuill. à café d'huile d'olive
- 2 cuill. à café de cumin en poudre
- 1 ou 2 cuill. à café de piment en poudre
- 400 g de tomates pelées et concassées en conserve
- 1 cube de bouillon de bœuf

POUR LA BAGUETTE À L'AIL
- 1 gousse d'ail
- quelques brins de persil
- 50 g de beurre
- 1 baguette

1 Préchauffez le four à 200 °C (therm. 6-7). Préparez la baguette à l'ail. Écrasez l'ail, hachez le persil et incorporez-les au beurre. Coupez la baguette en rondelles épaisses et tartinez-les de beurre à l'ail, puis réservez.

2 Dans une poêle antiadhésive, faites revenir la viande hachée pendant quelques minutes, puis transférez-la dans un saladier. Coupez les oignons en quatre, puis mixez-les à l'aide d'un robot. Mettez l'huile d'olive à chauffer dans la poêle et faites-y revenir les oignons pendant 2 minutes. Incorporez les épices et prolongez la cuisson de 1 minute. Remettez la viande dans la poêle, ajoutez les tomates, le bouillon et 40 cl d'eau chaude. Portez à ébullition, puis laissez mijoter 20 minutes.

3 Préchauffez le gril du four. Transférez le chili con carne dans un plat allant au four. Disposez les tranches de baguette sur le dessus et enfournez pour 5 minutes.

• Par portion : 498 Calories – Protéines : 37 g – Glucides : 33 g – Lipides : 25 g (dont 6 g de graisses saturées) – Fibres : 2 g – Sel : 2,16 g – Sucres ajoutés : 7 g.

Les poivrons grillés, les olives et le paprika donnent un goût inimitable à cette tourte, idéale pour utiliser des restes de poulet rôti.

Tourte au poulet à l'espagnole

Pour 4 personnes
Préparation et cuisson : 40 min

- 1 kg de pommes de terre
- 2 oignons
- 2 gousses d'ail
- 300 g de poulet rôti
- 140 g de poivrons grillés en bocal
- 1 poignée d'olives noires dénoyautées
- 3 cuill. à café de paprika
- 2 cuill. à café d'huile d'olive
- 800 g de tomates pelées et concassées en conserve
- sel et poivre du moulin

POUR SERVIR
- salade verte

1 Préchauffez le four à 200 °C (therm. 6-7). Coupez les pommes de terre en dés, puis faites-les cuire dans de l'eau bouillante pendant 15 minutes. Pendant ce temps, émincez les oignons, puis écrasez l'ail et coupez le poulet en morceaux. Égouttez les poivrons, détaillez-les en lamelles et coupez les olives en deux.

2 Égouttez les pommes de terre et remettez-les dans la casserole. Assaisonnez, puis ajoutez 2 cuillerées à café de paprika et réduisez le tout en purée. Dans une grande casserole, mettez l'huile à chauffer. Faites revenir les oignons et l'ail pendant quelques minutes. Incorporez le reste du paprika et prolongez la cuisson de 1 minute. Ajoutez les tomates, puis laissez chauffer jusqu'à frémissement. Transférez la préparation dans un plat allant au four. Incorporez le poulet, les poivrons et les olives, puis assaisonnez le mélange.

3 Étalez la purée sur la préparation. Enfournez pour 15 minutes et servez avec une salade verte.

• Par portion : 421 Calories – Protéines : 30 g – Glucides : 57 g – Lipides : 10 g (dont 2 g de graisses saturées) – Fibres : 8 g – Sel : 1,32 g – Sucres ajoutés : 10 g.

Si vous n'avez pas de ras al-hanout, mélangez à parts égales du quatre-épices, de la coriandre et du paprika avec une pincée de piment de Cayenne et de poivre noir.

Saumon épicé et semoule à la menthe

Pour 2 personnes
Préparation et cuisson : 35 min
Marinade : 10 min

- 1 grosse gousse d'ail
- 1 botte d'oignons nouveaux
- 2 citrons non traités
- 2 cuill. à café de ras al-hanout
- 3 cuill. à café d'huile d'olive
- 2 pavés de saumon sans la peau
- 140 g de semoule de couscous
- 2 cuill. à café de miel liquide
- 1 poignée de feuilles de menthe fraîche
- sel et poivre du moulin

1 Préchauffez le four à 200 °C (therm. 6-7) et tapissez une plaque de cuisson d'une feuille d'aluminium. Écrasez l'ail, puis émincez les oignons. Prélevez le zeste d'un citron et pressez le fruit. Dans un saladier, mélangez le zeste de citron avec la moitié du jus de citron, les épices, l'ail, la moitié des oignons et 2 cuillerées à café d'huile d'olive, puis assaisonnez généreusement. Mettez le saumon dans un plat, arrosez-le de la préparation et laissez mariner 10 minutes.

2 Versez la semoule dans un saladier. Ajoutez le reste de jus de citron, d'huile d'olive et d'oignons, versez 15 cl d'eau bouillante, couvrez et réservez.

3 Déposez le saumon sur la plaque de cuisson. Arrosez-le de marinade, puis enfournez pour 10 minutes. Nappez le saumon de miel et prolongez la cuisson de 5 minutes. Ciselez la menthe, incorporez-la à la semoule et coupez le citron restant en quartiers. Dans une assiette, servez le saumon sur la semoule, nappé de jus de cuisson et accompagné d'un quartier de citron.

• Par portion : 506 Calories – Protéines : 34 g – Glucides : 47 g – Lipides : 22 g (dont 4 g de graisses saturées) – Fibres : 1 g – Sel : 0,21 g – Sucres ajoutés : 8 g.

Ce repas familial, copieux et économique, vous rappellera sans nul doute votre enfance...

Gratin de pâtes au thon

Pour 6 personnes
Préparation et cuisson : 25 min

- 600 g de pâtes
- 320 g de thon au naturel en conserve
- 340 g de maïs en conserve
- 250 g de cheddar vieux
- 1 bonne poignée de persil frais
- 50 g de beurre
- 50 g de farine
- 60 cl de lait
- sel et poivre du moulin

1 Faites cuire les pâtes dans de l'eau bouillante pendant 7 minutes.

2 Pendant ce temps, égouttez le thon et le maïs, puis rincez ce dernier. Râpez le cheddar et hachez le persil. Dans une grande casserole, faites fondre le beurre. Incorporez au fouet la farine et le lait, puis continuez de battre jusqu'à ce que la sauce épaississe. Ajoutez le maïs et le thon. Laissez réchauffer le tout 2 ou 3 minutes, puis arrêtez le feu et incorporez les trois quarts du fromage râpé.

3 Préchauffez le gril du four. Égouttez les pâtes et mélangez-les à la préparation. Parsemez de persil, assaisonnez et brassez bien le tout. Transférez le contenu de la casserole dans un plat à gratin. Couvrez du reste du fromage râpé, enfournez et laissez cuire jusqu'à ce que le fromage commence à brunir.

• Par portion : 752 Calories – Protéines : 37 g – Glucides : 99 g – Lipides : 26 g (dont 15 g de graisses saturées) – Fibres : 4 g – Sel : 1,43 g – Sucres ajoutés : 12 g.

Cette recette est à la fois rapide à préparer, complète et riche en goût. Elle doit toute son originalité au pesto à la menthe.

Farfalle aux asperges et pesto à la menthe

Pour 4 personnes
Préparation et cuisson : 20 min

- 25 g de parmesan
- 1 gros bouquet de menthe fraîche (environ 85 g)
- 250 g de ricotta
- 400 g de farfalle
- 200 g de pointes d'asperges
- sel et poivre du moulin

POUR SERVIR

- 10 g de parmesan

1 Râpez le parmesan et mettez-le dans le bol d'un robot. Ajoutez la menthe et la ricotta, puis mixez brièvement, jusqu'à l'obtention d'un pesto homogène. Assaisonnez généreusement.

2 Faites cuire les pâtes dans une grande casserole d'eau bouillante salée, en ajoutant les pointes d'asperges 2 ou 3 minutes avant la fin du temps de cuisson. Égouttez les pâtes et les asperges en réservant 20 cl d'eau de cuisson. Remettez-les dans la casserole, avec 2 cuillerées à soupe d'eau de cuisson, puis incorporez le pesto. Si le mélange est trop sec, ajoutez encore un peu d'eau.

3 Répartissez les pâtes et les asperges dans quatre assiettes. Râpez en copeaux 10 g de parmesan et parsemez-en les pâtes, puis servez.

• Par portion : 507 Calories – Protéines : 24 g – Glucides : 79 g – Lipides : 13 g (dont 7 g de graisses saturées) – Fibres : 4 g – Sel : 0,43 g – Sucres ajoutés : 5 g.

Si vous n'avez pas de basilic frais, versez deux cuillerées à café de pesto dans la poêle avant d'y casser les œufs.

Œufs au plat et légumes d'été

Pour 2 personnes
Préparation et cuisson : 20 min

- 400 g de courgettes
- 200 g de tomates cerises
- 1 gousse d'ail
- 1 cuill. à soupe d'huile d'olive
- 2 œufs
- sel et poivre du moulin

POUR SERVIR

- quelques feuilles de basilic frais
- pain croustillant

1 Coupez les courgettes en gros morceaux et les tomates cerises en deux, puis écrasez l'ail. Dans une poêle antiadhésive, mettez l'huile à chauffer. Faites-y revenir les courgettes pendant 5 minutes, en remuant régulièrement. Ajoutez les tomates et l'ail, puis prolongez la cuisson de quelques minutes.

2 Assaisonnez légèrement les légumes. Écartez-les de façon à former deux creux et cassez un œuf dans chacun d'eux. Couvrez avec un couvercle ou une feuille d'aluminium, puis laissez cuire à feu doux jusqu'à ce que les œufs soient cuits. Parsemez de quelques feuilles de basilic et servez avec du pain croustillant.

• Par portion : 196 Calories – Protéines : 12 g – Glucides : 7 g – Lipides : 13 g (dont 3 g de graisses saturées) – Fibres : 3 g – Sel : 0,25 g – Sucres ajoutés : 6 g.

Ce plat de pâtes séduira tous vos invités...
même s'ils ne sont pas végétariens !

Pâtes au potiron et aux champignons

Pour 2 personnes
Préparation et cuisson : 30 min

- 1/2 potiron (environ 300 g sans la peau)
- 2 gousses d'ail
- quelques feuilles de sauge fraîche
- 20 g de parmesan
- 1 cuill. à soupe d'huile d'olive
- 140 g de champignons de Paris
- 175 g de pâtes

1 Pelez le potiron et coupez-le en dés. Hachez l'ail et les feuilles de sauge, puis râpez le parmesan. Dans une poêle antiadhésive, mettez l'huile d'olive à chauffer. Faites revenir les dés de courge, l'ail et la sauge jusqu'à ce qu'ils commencent à dorer. Arrosez d'un filet d'eau, puis laissez cuire à feu vif pendant environ 15 minutes. Émincez les champignons et ajoutez-les dans la poêle. Prolongez la cuisson en remuant régulièrement, jusqu'à ce que tous les ingrédients commencent à caraméliser.

2 Pendant ce temps, faites cuire les pâtes. Égouttez-les en réservant un peu d'eau de cuisson. Incorporez-les à la préparation dans la poêle avec l'eau de cuisson réservée et intégrez les trois quarts du parmesan. Transférez dans des bols, saupoudrez du reste de fromage râpé et servez.

• Par portion : 441 Calories – Protéines : 15 g – Glucides : 80 g – Lipides : 9 g (dont 2 g de graisses saturées) – Fibres : 6 g – Sel : 0,13 g – Sucres ajoutés : 9 g.

Rassasiant et original, ce curry est particulièrement agréable en hiver.

Potiron aux épinards et aux oignons grillés

Pour 2 personnes
Préparation et cuisson : 40 min

- 2 oignons
- 2 cuill. à soupe d'huile de tournesol
- 600 g de potiron
- 600 g de haricots noirs en conserve
- 1 gousse d'ail
- 1 cuill. à café de cumin en poudre
- 1 cuill. à café de graines de coriandre en poudre
- 1 cuill. à café de curry en poudre
- 1 pincée de piment en poudre
- 1 cuill. à soupe de purée de tomates
- 200 g d'épinards frais

1 Préchauffez le four à 190 °C (therm. 6-7). Émincez les oignons et mélangez-en la moitié avec 1 cuillerée à soupe d'huile dans un saladier. Transférez-les sur une plaque de cuisson, puis enfournez et laissez cuire de 15 à 20 minutes.

2 Pelez le potiron et coupez-le en dés. Égouttez les haricots et rincez-les, puis écrasez l'ail. Versez le reste de l'huile dans une poêle et faites-y dorer les oignons restants. Ajoutez l'ail et les épices, puis mélangez bien le tout et laissez cuire 1 minute. Incorporez le potiron, la purée de tomates et 40 cl d'eau bouillante. Portez à ébullition, couvrez, puis laissez mijoter 15 minutes. Versez les haricots, mélangez et prolongez la cuisson de 5 minutes.

3 Lavez les épinards. Mettez-les dans une passoire et arrosez-les d'eau bouillante jusqu'à ce qu'ils fondent. Une fois cuits, pressez les épinards à l'aide d'une cuillère en bois, hachez-les grossièrement, puis incorporez-les au curry. Réchauffez le tout et transférez la préparation dans des bols. Parsemez d'oignons grillés, puis servez.

• Par portion : 354 Calories – Protéines : 17 g – Glucides : 42 g – Lipides : 14 g (dont 2 g de graisses saturées) – Fibres : 13 g – Sel : 0,51 g – Sucres ajoutés : 14 g.

Découvrez une manière originale d'utiliser les nouilles, en les faisant frire avant d'en parsemer une salade composée.

Nouilles chinoises aux patates douces

Pour 2 personnes
Préparation et cuisson : 35 min

- 2 patates douces de taille moyenne
- 1 cuill. à café de graines de cumin
- 1 cuill. à café d'huile de tournesol
- 25 g de nouilles chinoises
- 1 avocat
- 1/2 oignon rouge
- 2 poignées de pousses d'épinards
- sel et poivre du moulin

POUR LA VINAIGRETTE

- 1/2 orange non traitée
- 1 cuill. à café d'huile de tournesol
- 2 cuill. à café de vinaigre de vin rouge
- sel et poivre du moulin

1 Préchauffez le four à 200 °C (therm. 6-7). Pelez les patates douces, coupez-les en gros morceaux, puis enrobez-les de cumin et d'huile. Assaisonnez selon votre goût. Répartissez les morceaux de patate douce sur une plaque de cuisson et enfournez pour 25 minutes.

2 Pendant ce temps, faites cuire les nouilles, puis égouttez-les. Versez 1 cm d'huile dans un wok. Laissez frire les nouilles pendant 30 secondes, en procédant en deux fois. Égouttez-les sur du papier absorbant.

3 Préparez la vinaigrette. Râpez le zeste d'orange et pressez le fruit. Dans un bol, réunissez l'huile, le vinaigre de vin rouge, le zeste et le jus de l'orange. Assaisonnez, puis battez au fouet.

4 Coupez l'avocat en deux, retirez le noyau et la peau, puis détaillez la chair en lamelles. Émincez le demi-oignon. Dans un saladier, réunissez les patates douces, les épinards et l'avocat, puis arrosez de vinaigrette. Servez dans des assiettes avec les nouilles.

• Par portion : 411 Calories – Protéines : 7 g – Glucides : 47 g – Lipides : 23 g (dont 3 g de graisses saturées) – Fibres : 8 g – Sel : 0,41 g – Sucres ajoutés : 13 g.

La ricotta a un goût léger et doux. Si vous préférez des saveurs plus marquées, parsemez votre pizza de parmesan râpé.

Pizza tomate-ricotta

Pour 6 personnes
Préparation et cuisson : 45 min

- 1 oignon
- 2 poivrons jaunes
- 1 cuill. à café d'huile d'olive
- 800 g de tomates pelées et concassées en conserve
- 500 g de mélange prêt à l'emploi pour pain complet
- 2 cuill. à soupe de farine
- 10 tomates cerises
- 250 g de ricotta
- quelques feuilles de basilic frais
- sel et poivre du moulin

POUR SERVIR (facultatif)

- salade verte

1 Préchauffez le four à 220 °C (therm. 7-8). Émincez l'oignon. Épépinez les poivrons et hachez-les grossièrement. Versez l'huile dans une grande poêle, puis faites-y revenir l'oignon et les poivrons pendant quelques minutes. Ajoutez les tomates, assaisonnez et laissez mijoter 10 minutes.

2 Pendant ce temps, préparez la pâte à pain : dans un grand saladier, ajoutez 30 cl d'eau au mélange prêt à l'emploi et pétrissez le tout jusqu'à l'obtention d'une pâte ferme. Farinez une plaque de cuisson, puis étalez la pâte dessus en formant un carré de 25 cm de côté. Enfournez en haut du four pour 5 minutes.

3 Coupez 6 tomates cerises en deux. Ôtez la pâte à pain du four et badigeonnez-la de préparation aux poivrons, puis parsemez-la des demi-tomates cerises et des tomates entières. Déposez des petits tas de ricotta à l'aide d'une cuillère à café et enfournez pour 20 minutes. Parsemez de basilic et servez immédiatement, éventuellement avec une salade verte.

• Par portion : 291 Calories – Protéines : 14 g – Glucides : 41 g – Lipides : 9 g (dont 4 g de graisses saturées) – Fibres : 9 g – Sel : 1,23 g – Sucres ajoutés : 9 g.

Le halloumi est un fromage de brebis chypriote. Vous en trouverez chez le fromager, mais vous pouvez éventuellement le remplacer par de la feta.

Salade de haricots à la pastèque et au halloumi

Pour 4 personnes
Préparation et cuisson : 25 min

- 200 g de haricots verts fins
- 1 kg de pastèque
- 250 g de halloumi
- 1 petit bouquet de menthe fraîche
- 1 citron
- 2 cuill. à soupe d'huile d'olive
- sel et poivre du moulin

POUR SERVIR
- pain pita

1 Préchauffez le gril du four. Faites cuire les haricots verts dans une casserole d'eau bouillante salée.

2 Pendant ce temps, pelez la pastèque, épépinez-la, puis détaillez-la en triangles. Coupez le halloumi en tranches fines, ciselez la menthe et pressez le citron. Déposez les tranches de halloumi sur une plaque de cuisson, en une seule couche. Glissez-les sous le gril et faites-les dorer 2 minutes de chaque côté. Égouttez les haricots verts et laissez-les refroidir.

3 Dans un saladier, mélangez délicatement les morceaux de pastèque, les haricots verts, la menthe, le jus de citron et 1 cuillerée à soupe d'huile d'olive. Assaisonnez généreusement et répartissez la salade dans quatre assiettes. Ajoutez les tranches de halloumi, arrosez du reste d'huile d'olive, puis servez avec des morceaux de pain pita.

• Par portion : 287 Calories – Protéines : 14 g – Glucides : 12 g – Lipides : 20 g (dont 10 g de graisses saturées) – Fibres : 1 g – Sel : 2,29 g – Sucres ajoutés : 12 g.

Les poivrons romano sont particulièrement sucrés, mais vous pouvez aussi utiliser des poivrons ordinaires.

Poivrons romano farcis

Pour 4 personnes
Préparation et cuisson : 45 min

- 2 poivrons romano
- 2½ cuill. à soupe d'huile d'olive
- 1 tranche de pain complet
- 1 piment rouge ou vert
- 1 bonne poignée de persil frais
- 20 g de parmesan
- 2 cuill. à soupe de pignons de pin
- 2 cuill. à café de câpres
- 200 g de pousses d'épinards
- sel et poivre du moulin

1 Préchauffez le four à 190 °C (therm. 6-7). Coupez les poivrons en deux, épépinez-les, puis déposez-les sur une plaque de cuisson. Arrosez-les de 1 cuillerée à café d'huile d'olive. Assaisonnez-les, puis enfournez pour 20 minutes.

2 Pendant ce temps, faites griller le pain, mettez-le dans le bol d'un robot et mixez-le grossièrement. Épépinez le piment et hachez-le avec le persil, puis râpez le parmesan. Ajoutez tous ces ingrédients dans le bol du robot avec les pignons de pin, les câpres, le reste de l'huile et mixez jusqu'à l'obtention d'une pâte homogène.

3 Faites bouillir de l'eau. Mettez les épinards dans une grosse passoire, puis arrosez-les lentement d'eau bouillante jusqu'à ce qu'ils fondent. Pressez-les bien avec le dos d'une cuillère afin d'en extraire toute l'eau. Répartissez les épinards sur les demi-poivrons et ajoutez la chapelure à base de pain. Enfournez pour 15 minutes et servez.

• Par portion : 241 Calories – Protéines : 6 g – Glucides : 9 g – Lipides : 21 g (dont 3 g de graisses saturées) – Fibres : 4 g – Sel : 0,60 g – Sucres ajoutés : 8 g.

Les pakora sont des beignets indiens composés de farine de pois chiches et de légumes. Pour préparer ce plat plus rapidement, vous pouvez faire les beignets avec un reste de pommes de terre et de légumes cuits.

Pains pitas aux pakora de petits pois

Pour 4 personnes

Préparation et cuisson : 40 min

- 500 g de pommes de terre à chair farineuse
- 200 g de petits pois surgelés
- 4 ou 5 cuill. à café de curry en poudre
- les feuilles de 1 petit bouquet de menthe fraîche
- 200 g de yaourt nature
- 6 pains pitas
- 1/2 laitue iceberg
- 1/2 oignon rouge
- sel et poivre du moulin

1 Préchauffez le four à 220 °C (therm. 7-8) et tapissez une plaque de cuisson de papier sulfurisé. Coupez les pommes de terre en dés et faites-les cuire dans une casserole d'eau bouillante pendant 8 minutes, en ajoutant les petits pois 4 minutes avant la fin. Égouttez les légumes, réservez un peu de petits pois et remettez le reste dans la casserole avec les pommes de terre. Ajoutez le curry, assaisonnez, puis écrasez le tout et incorporez les petits pois réservés.

2 Formez environ seize beignets à l'aide de deux cuillères à soupe et déposez-les sur la plaque de cuisson. Enfournez pour 15 minutes.

3 Hachez la moitié de la menthe et mélangez-la avec le yaourt. Coupez les pains pitas en deux dans la largeur et faites-les chauffer 2 minutes de chaque côté, dans une poêle antiadhésive. Détaillez la laitue en lamelles, émincez le demi-oignon, puis mélangez-les avec le reste de menthe. Servez les pitas garnies des beignets, de la salade mélangée à la menthe et de la sauce au yaourt.

• Par portion : 377 Calories – Protéines : 18 g – Glucides : 74 g – Lipides : 4 g (dont 1 g de graisses saturées) – Fibres : 11 g – Sel : 1,24 g – Sucres ajoutés : 10 g.

Ces hamburgers végétariens sont moelleux et savoureux!

Hamburgers de haricots rouges à la sauce mexicaine

Pour 6 hamburgers
Préparation et cuisson : 20 min

- 1 petit bouquet de coriandre fraîche
- 800 g de haricots rouges en conserve
- 100 g de chapelure
- 2 cuill. à café de piment doux en poudre
- 1 œuf
- 200 g de sauce mexicaine
- 1/2 citron vert
- 150 g de yaourt nature allégé
- 6 petits pains complets ronds
- 2 oignons rouges
- quelques feuilles de salade verte
- 1 avocat
- sel et poivre du moulin

1 Préchauffez le gril du four. Séparez les feuilles et les tiges de la coriandre et hachez-les séparément. Égouttez et rincez les haricots, puis mettez-les dans un saladier et écrasez-les grossièrement. Ajoutez la chapelure, le piment, les tiges et la moitié des feuilles de coriandre, l'œuf et 2 cuillerées à soupe de sauce mexicaine. Assaisonnez, puis mélangez à la fourchette.

2 Mouillez vos mains, façonnez six steaks et posez-les sur une plaque de cuisson. Enfournez-les et laissez-les cuire 4 ou 5 minutes de chaque côté.

3 Pressez le demi-citron et mélangez-le dans un bol avec le reste de la coriandre, le yaourt et 1 pincée de poivre. Coupez les pains en deux, les oignons en rondelles et la salade en lamelles. Coupez l'avocat en deux, retirez le noyau et la peau, puis détaillez la chair en tranches. Tartinez la base des pains de sauce au yaourt, ajoutez de la salade, de l'avocat, de l'oignon, un steak, un peu de sauce au yaourt et de sauce mexicaine puis servez avec l'autre moitié du pain.

• Par portion : 195 Calories – Protéines : 11 g – Glucides : 33 g – Lipides : 3 g (pas de graisses saturées) – Fibres : 6 g – Sel : 1,38 g – Sucres ajoutés : 7 g.

Le mascarpone est parfait pour préparer une sauce tomate destinée à agrémenter des gnocchis ou des pâtes.

Gnocchis à la sauce tomate et aux épinards

Pour 4 personnes

Préparation et cuisson : 25 min

- 1 cuill. à soupe d'huile d'olive
- 2 gousses d'ail
- 400 g de tomates pelées et concassées en conserve
- 140 g de mascarpone
- 20 g de parmesan
- 500 g de gnocchis
- 200 g de pousses d'épinards
- 1 poignée de feuilles de basilic frais
- sel et poivre du moulin

1 Dans une poêle, mettez l'huile à chauffer. Écrasez l'ail, puis faites-le revenir dans la poêle jusqu'à ce qu'il soit doré. Ajoutez les tomates, assaisonnez et laissez mijoter 10 minutes. Incorporez le mascarpone, puis prolongez la cuisson de 2 minutes. Râpez le parmesan en copeaux.

2 Portez de l'eau salée à ébullition dans une casserole. Faites-y cuire les gnocchis, en ajoutant les épinards dans l'eau 1 minute avant la fin de la cuisson. Lorsque les gnocchis remontent à la surface, retirez-les à l'aide d'une écumoire, puis égouttez les épinards. Remettez l'ensemble dans la casserole, ajoutez la préparation à base de mascarpone et mélangez délicatement. Parsemez de feuilles de basilic et de copeaux de parmesan, puis servez sans attendre.

• Par portion : 393 Calories – Protéines : 9 g – Glucides : 48 g – Lipides : 20 g (dont 11 g de graisses saturées) – Fibres : 4 g – Sel : 1,67 g – Sucres ajoutés : 7 g.

Cette salade colorée réunit de multiples saveurs et de jolies couleurs. Servez-la en entrée ou emmenez-la en pique-nique !

Boulgour épicé aux légumes

Pour 2 personnes

Préparation et cuisson : 30 min

- 2 petites aubergines
- 1 poivron rouge
- 1 bonne poignée de feuilles de menthe fraîche
- 140 g de boulgour
- 1/2 citron non traité
- 1/2 yaourt à la grecque
- sel et poivre du moulin

POUR LA SAUCE

- 2 cuill. à soupe d'huile végétale
- 2 cuill. à soupe de miel liquide
- 2 cuill. à café de harissa

1 Coupez les aubergines en quartiers. Épépinez le poivron et coupez-le en gros morceaux, puis hachez les feuilles de menthe.

2 Préparez la sauce : dans un bol, mélangez l'huile, le miel et la harissa. Réunissez les aubergines, les poivrons et la moitié de la sauce dans un saladier. Assaisonnez généreusement et brassez bien le tout. Faites chauffer un gril sur feu vif, puis faites-y cuire les légumes de 10 à 15 minutes, en les retournant régulièrement.

3 Pendant ce temps, versez le boulgour dans un autre saladier. Faites bouillir de l'eau, recouvrez-en le boulgour, mettez un couvercle et laissez gonfler pendant 10 minutes, puis égouttez. Prélevez le zeste du demi-citron à l'aide d'un Économe, détaillez-le en lamelles et pressez le fruit. Ajoutez au boulgour le reste de la sauce, les feuilles de menthe, le zeste et le jus de citron. Assaisonnez généreusement, mélangez bien le tout, puis servez le boulgour couvert de légumes et nappé de yaourt à la grecque.

• Par portion : 448 Calories – Protéines : 10 g – Glucides : 75 g – Lipides : 14 g (dont 2 g de graisses saturées) – Fibres : 5 g – Sel : 0,12 g – Sucres ajoutés : 21 g.

Si vous le souhaitez, vous pouvez parfumer les tomates de cette recette avec du curry en poudre, du pesto ou des fines herbes.

Tomates épicées et œufs au four

Pour 2 personnes
Préparation et cuisson : 25 min

- 1 piment rouge
- 2 oignons rouges
- 1 gousse d'ail
- 1 petit bouquet de coriandre fraîche
- 1 cuill. à soupe d'huile d'olive
- 800 g de tomates cerises en conserve
- 1 cuill. à café de sucre en poudre
- 4 œufs

POUR SERVIR
- pain croustillant

1 Épépinez le piment rouge puis hachez-le finement avec les oignons. Émincez l'ail, puis séparez les tiges et les feuilles de la coriandre. Hachez les tiges et ciselez les feuilles.

2 Dans une poêle, mettez l'huile à chauffer. Faites-y revenir le piment, les oignons, l'ail et les tiges de coriandre pendant 5 minutes. Incorporez les tomates et le sucre, puis laissez bouillir de 8 à 10 minutes, jusqu'à l'obtention d'une sauce épaisse.

3 Repoussez la préparation vers les bords de la poêle de façon à former quatre creux et cassez un œuf dans chacun d'eux. Couvrez et laissez cuire à feu doux de 6 à 8 minutes, selon le degré de cuisson des œufs souhaité. Parsemez de feuilles de coriandre et servez avec du pain croustillant.

• Par portion : 340 Calories – Protéines : 21 g – Glucides : 21 g – Lipides : 20 g (dont 5 g de graisses saturées) – Fibres : 6 g – Sel : 1,25 g – Sucres ajoutés : 17 g.

Cette entrée est très facile à préparer, puisqu'il suffit d'assembler les ingrédients qui la composent !

Petits pois et mozzarella au prosciutto

Pour 2 personnes
Préparation et cuisson : 25 min

- 4 tranches de prosciutto (jambon cru italien)
- 100 g de petits pois frais ou surgelés
- 125 g de mozzarella

POUR LA VINAIGRETTE
- les feuilles de 1 petit bouquet de menthe fraîche
- 1/2 orange
- 1 cuill. à soupe d'huile d'olive

1 Faites chauffer une poêle antiadhésive et mettez-y à revenir le jambon jusqu'à ce qu'il soit croustillant. Laissez-le refroidir sur du papier absorbant, coupez-le en gros morceaux et réservez-le. Faites cuire les petits pois dans un grand volume d'eau bouillante salée pendant 2 minutes. Égouttez-les, passez-les sous l'eau froide, puis épongez-les avec du papier absorbant.

2 Pendant ce temps, préparez la vinaigrette. Hachez finement la moitié de la menthe et pressez l'orange. Réunissez tous les ingrédients dans un bol, mélangez bien le tout, puis réservez.

3 Coupez la mozzarella en gros morceaux et répartissez-les dans deux assiettes. Ajoutez les petits pois, puis le prosciutto. Arrosez de vinaigrette, parsemez des feuilles de menthe restantes et servez.

• Par portion : 372 Calories – Protéines : 25 g – Glucides : 11 g – Lipides : 26 g (dont 12 g de graisses saturées) – Fibres : 5 g – Sel : 2,23 g – Sucres ajoutés : 4 g.

Le cresson permet de confectionner un pesto parfait pour accompagner le rumsteck. L'ensemble se marie à merveille avec une purée à l'ail.

Rumstecks au pesto de cresson et de noisettes

Pour 2 personnes

Préparation et cuisson : 40 min

- 2 rumstecks d'environ 140 g chacun
- 35 g de cresson
- 2 cuill. à café de vinaigre balsamique
- sel et poivre du moulin

POUR LE PESTO

- 1 piment rouge
- 50 g de noisettes
- 50 g de cresson
- 1½ cuill. à soupe d'huile d'olive
- 1 cuill. à soupe de vinaigre balsamique

POUR SERVIR

- purée à l'ail

1 Préchauffez le four à 180 °C (therm. 6). Préparez le pesto. Épépinez le piment et coupez-le en tranches épaisses. Décortiquez les noisettes et faites-les griller à sec dans une poêle antiadhésive, puis mettez-les dans le bol d'un robot avec le piment, le cresson, l'huile d'olive et le vinaigre balsamique. Assaisonnez, mixez bien le tout et réservez.

2 Faites chauffer un gril sur feu vif. Huilez légèrement les rumstecks. Salez-les des deux côtés, puis faites-les griller de 2 à 4 minutes de chaque côté selon le degré de cuisson souhaité. Laissez-les reposer dans une assiette pendant 5 minutes, puis incorporez le jus de cuisson au pesto.

3 Servez les rumstecks nappés de pesto et arrosés d'un peu de vinaigre balsamique, avec de la purée à l'ail et le cresson.

• Par portion : 475 Calories – Protéines : 37 g – Glucides : 4 g – Lipides : 35 g (dont 7 g de graisses saturées) – Fibres : 2 g – Sel : 0,24 g – Sucres ajoutés : 4 g.

Idéal pour recevoir des amis à l'improviste, ce plat printanier met parfaitement en valeur les pointes d'asperges.

Penne aux asperges

Pour 4 personnes
Préparation et cuisson : 30 min

- 400 g de penne
- 500 g de pointes d'asperges
- 6 tranches de pancetta
- 200 g de tomates cerises
- 2 cuill. à soupe d'huile d'olive
- 20 g de parmesan
- 1 bonne poignée de feuilles de basilic frais
- sel et poivre du moulin

1 Préchauffez le four à 200 °C (therm. 6-7). Faites cuire les penne dans une grande casserole d'eau bouillante salée.

2 Pendant ce temps, coupez les asperges en morceaux de 3 cm, la pancetta en petits dés et les tomates en deux. Dans un plat à rôtir, réunissez les morceaux d'asperges et de pancetta. Ajoutez l'huile d'olive, mélangez bien le tout, puis enfournez pour 10 minutes. Incorporez les tomates cerises et prolongez la cuisson de 5 minutes. Râpez le parmesan.

3 Égouttez les pâtes et mettez-les dans le plat, avec le basilic. Assaisonnez, mélangez, puis servez dans des bols avec le parmesan.

• Par portion : 520 Calories – Protéines : 22 g – Glucides : 80 g – Lipides : 15 g (dont 4 g de graisses saturées) – Fibres : 5 g – Sel : 0,82 g – Sucres ajoutés : 6 g.

Cette recette s'inspire du célèbre gravlax scandinave, mais est bien plus amusante à préparer !

Pommes de terre au saumon fumé

Pour 6 personnes
Préparation et cuisson : 30 min

- 16 pommes de terre nouvelles ou à chair ferme
- 1/2 citron
- 16 tranches de saumon fumé (environ 300 g)
- un peu d'aneth
- 15 cl de crème aigre (ou de crème fraîche additionnée de quelques gouttes de jus de citron)
- sel et poivre du moulin

POUR LA SAUCE À L'ANETH

- 1 cuill. à soupe de moutarde de Dijon
- 1 cuill. à soupe de sucre en poudre
- 6 cuill. à soupe d'huile d'olive
- 2 cuill. à soupe de vinaigre de vin blanc
- 10 g d'aneth frais

1 Faites cuire les pommes de terre dans de l'eau bouillante salée pendant environ 15 minutes, jusqu'à ce qu'elles soient tendres. Égouttez-les, puis laissez-les refroidir.

2 Pendant ce temps, préparez la sauce à l'aneth : mélangez au fouet tous ses ingrédients à l'exception de l'aneth.

3 Pressez le demi-citron. Coupez les tranches de saumon fumé en lamelles et les pommes de terre en deux. Enroulez chaque moitié de pomme de terre dans une bande de saumon et posez-la sur un plateau. Assaisonnez d'un tour de moulin à poivre, arrosez de quelques gouttes de jus de citron et parsemez d'un peu d'aneth. Hachez le reste d'aneth et incorporez-la à la sauce. Assaisonnez cette dernière selon votre goût, puis transvasez-la dans un bol. Plongez les pommes de terre au saumon dans la crème aigre, puis arrosez-les de sauce à l'aneth à l'aide d'une cuillère et dégustez.

• Par portion : 291 Calories – Protéines : 15 g – Glucides : 17 g – Lipides : 19 g (dont 5 g de graisses saturées) – Fibres : 1 g – Sel : 2,63 g – Sucres ajoutés : 5 g.

Ces côtelettes sont excellentes cuites au gril et encore meilleures préparées au barbecue. Vous pouvez préparer la salade à l'avance. Dans ce cas, ajoutez la menthe juste avant de servir.

Côtelettes d'agneau et lentilles à la feta

Pour 4 personnes

Préparation et cuisson : 20 min

- 300 g de petits pois surgelés
- 200 g de feta allégée
- 1 petit bouquet de menthe fraîche
- 800 g de lentilles vertes en conserve
- 4 cuill. à soupe de vinaigre de vin blanc
- 2 cuill. à soupe de sucre en poudre
- 1 cuill. à café d'huile d'olive
- 8 côtelettes d'agneau
- sel et poivre du moulin

1 Faites cuire les petits pois dans de l'eau bouillante pendant 3 ou 4 minutes, puis égouttez-les. Émiettez la feta, hachez grossièrement la menthe, puis égouttez les lentilles et rincez-les. Versez ces dernières dans un saladier, puis ajoutez le vinaigre, le sucre et la menthe. Parsemez de feta, assaisonnez généreusement et mélangez délicatement le tout.

2 Faites chauffer un gril sur feu vif. Huilez légèrement les côtelettes, assaisonnez-les, puis faites-les cuire 4 minutes de chaque côté, jusqu'à ce qu'elles soient brunes à l'extérieur et roses à l'intérieur.

3 Répartissez la salade de lentilles dans quatre assiettes creuses. Ajoutez 2 côtelettes dans chaque assiette et servez.

• Par portion : 716 Calories – Protéines : 52 g – Glucides : 33 g – Lipides : 43 g (dont 22 g de graisses saturées) – Fibres : 7 g – Sel : 3,38 g – Sucres ajoutés : 12 g.

Une recette sucrée-salée idéale pour un apéritif dînatoire.

Poires grillées et sauce au roquefort

Pour 2 personnes
Préparation et cuisson : 25 min

- 2 poires juste mûres
- 1 cuill. à café d'huile d'olive
- 1 pincée de grains de poivre concassés
- 85 g de roquefort
- 5 cuill. à soupe de crème fraîche épaisse
- 2 poignées de pousses de betterave
- quelques tranches de pain au levain
- sel et poivre du moulin

POUR LA VINAIGRETTE

- 1 cuill. à café d'huile de noix
- 2 cuill. à café d'huile d'olive douce
- 1½ cuill. à café de vinaigre de vin (rouge ou blanc)
- 1/2 cuill. à café de miel liquide

1 Faites chauffer un gril sur feu vif. Pelez les poires, épépinez-les, puis détaillez-les en huit lamelles. Huilez-les légèrement, parsemez-les de poivre concassé et posez-les sur le gril. Laissez-les cuire 1 ou 2 minutes de chaque côté, puis réservez.

2 Dans le bol d'un robot, écrasez le roquefort à l'aide d'une cuillère en bois, puis mixez-le jusqu'à l'obtention d'un mélange crémeux. Dans un petit saladier, fouettez délicatement la crème fraîche, puis incorporez-la au bleu. Transvasez le mélange dans deux ramequins.

3 Préparez la vinaigrette. Dans un saladier, réunissez tous les ingrédients, assaisonnez, puis mélangez à l'aide d'un fouet. Ajoutez les pousses de betterave et brassez le tout délicatement. Au moment de servir, coupez les tranches de pain en deux, puis faites-les griller. Répartissez la salade dans deux assiettes et servez avec les toasts, les tranches de poire et un ramequin de sauce au fromage.

• Par portion : 644 Calories – Protéines : 14 g – Glucides : 57 g – Lipides : 42 g (dont 21 g de graisses saturées) – Fibres : 6 g – Sel : 2,65 g – Sucres ajoutés : 17 g.

Les champignons au vin qui accompagnent ce plat ne demandent que quelques minutes de préparation et sont dignes d'un grand chef!

Rumstecks et champignons au vin rouge

Pour 2 personnes

Préparation et cuisson : 20 min

- 2 rumstecks d'environ 200 g chacun
- 1 cuill. à soupe d'huile de tournesol
- 140 g de champignons de Paris
- les feuilles de 2 brins de thym frais
- 15 cl de vin rouge
- 15 g de beurre
- sel et poivre du moulin

1 Faites chauffer une poêle antiadhésive. Badigeonnez les rumstecks de la moitié de l'huile et assaisonnez-les. Laissez-les cuire 2 ou 3 minutes de chaque côté selon le degré de cuisson souhaité. Retirez les rumstecks de la poêle et réservez-les.

2 Coupez les champignons en quatre. Versez le reste de l'huile dans la poêle, puis faites-y revenir les champignons et les feuilles de thym pendant 2 minutes. Versez le vin, portez à ébullition et laissez bouillonner jusqu'à l'obtention d'une sauce sirupeuse. Baissez le feu, incorporez le beurre, puis assaisonnez à votre convenance.

3 Servez les rumstecks nappés de champignons en sauce.

• Par portion : 500 Calories – Protéines : 43 g – Glucides : 4 g – Lipides : 32 g (dont 13 g de graisses saturées) – Fibres : 1 g – Sel : 0,42 g – Sucres ajoutés : 4 g.

Le beurre aux noisettes, rapide et simple à préparer, donnera aux langoustines une saveur douce et originale.

Langoustines et beurre aux noisettes

Pour 2 personnes
Préparation et cuisson : 20 min
Temps de repos : 12 h

- 10 petites langoustines ou grosses crevettes
- 1 cuill. à soupe de noisettes décortiquées
- quelques feuilles de persil frais
- 25 g de beurre à température ambiante
- 1 cuill. à café d'huile d'olive
- sel et poivre du moulin

1 Mettez dix piques à brochettes en bois à tremper dans un saladier rempli d'eau. Détachez la tête des langoustines et décortiquez-les en partie, en laissant l'extrémité de la queue intacte, puis incisez légèrement le dos et retirez la veine noire. Enfilez-les sur les brochettes et réservez-les au réfrigérateur une nuit entière.

2 Le lendemain, faites griller les noisettes dans une poêle à sec, puis râpez-en la moitié et hachez grossièrement le reste. Ciselez finement le persil, puis mettez-le dans une petite casserole avec le beurre et les noisettes. Assaisonnez et réservez.

3 Au moment de servir, faites fondre le beurre à feu doux en le mélangeant avec le persil et les noisettes. Faites chauffer un gril ou un barbecue. Huilez les langoustines et mettez-les à griller 1 ou 2 minutes en les retournant. Disposez les brochettes dans un plat de service, recouvrez de la moitié du beurre aux noisettes et servez le reste dans une coupelle.

• Par portion : 222 Calories – Protéines : 19 g – Glucides : 1 g – Lipides : 16 g (dont 7 g de graisses saturées) – Fibres : 1 g – Sel : 0,70 g – Pas de sucres ajoutés.

Voici une idée de plat savoureux, original… et économique !

Côtes de porc aux olives

Pour 4 personnes
Préparation et cuisson : 20 min
Marinade : 5 min

- 4 côtes de porc désossées
- 2 poignées d'olives vertes dénoyautées
- 1 bonne poignée de feuilles de basilic frais
- sel et poivre du moulin

POUR LA MARINADE
- 2 gousses d'ail
- 3 cuill. à soupe d'huile d'olive
- 3 cuill. à soupe de vinaigre balsamique
- 1 cuill. à café de moutarde de Dijon

POUR SERVIR
- pâtes

1 Préparez la marinade : écrasez l'ail et mélangez-le dans un bol avec l'huile d'olive, le vinaigre et la moutarde.

2 Pratiquez des entailles de chaque côté des côtes de porc. Assaisonnez-les et disposez-les dans un plat creux, arrosez-les de marinade et laissez-les reposer 5 minutes.

3 Faites chauffer un gril sur feu vif. Retirez les côtes de porc de la marinade en laissant l'ail dans cette dernière. Laissez-les cuire 4 minutes de chaque côté, puis réservez-les au chaud. Coupez les olives en deux et incorporez-les à la marinade. Versez-la dans le gril et laissez cuire 2 minutes. Hachez les feuilles de basilic et incorporez-les à la marinade, puis ajoutez le jus de cuisson des côtes de porc. Transférez la viande sur quatre assiettes, nappez-la de sauce et servez avec des pâtes.

• Par portion : 487 Calories – Protéines : 27 g – Glucides : 2 g – Lipides : 41 g (dont 13 de graisses saturées) – Fibres : 1 g – Sel : 0,51 – Sucres ajoutés : 2 g.

Préparez un délicieux repas thaï grâce à ce plat simple, constitué de porc épicé et d'une salade douce et croquante.

Porc à la sauce satay et salade de pommes

Pour 4 personnes
Préparation et cuisson : 20 min

- 3 cuill. à soupe de beurre de cacahuètes avec des morceaux
- 3 cuill. à soupe de sauce aux piments doux
- 1 pincée de poivre noir
- 4 steaks de porc maigre

POUR LA SALADE DE POMMES

- 2 pommes
- les feuilles de 1 petit bouquet de coriandre
- les feuilles de 1/2 bouquet de menthe
- 2 citrons verts
- 1 cuill. à café de sauce nuoc-mâm (à base de poisson)
- 1 pincée de sucre en poudre

POUR SERVIR

- riz jasmin

1 Préchauffez le gril du four. Dans un bol, mélangez ensemble le beurre de cacahuètes, la sauce aux piments et le poivre jusqu'à l'obtention d'une sauce homogène. Placez les steaks sur une plaque de cuisson. Tartinez-les de la moitié de la sauce, enfournez-les et laissez-les cuire 3 minutes. Retournez-les délicatement, enduisez-les du reste du mélange et enfournez-les de nouveau. Prolongez la cuisson de 3 ou 4 minutes, jusqu'à ce qu'ils soient juste cuits.

2 Pendant ce temps, préparez la salade de pommes. Évidez les pommes et coupez-les en lamelles. Froissez les feuilles de coriandre et de menthe, puis pressez les citrons verts. Dans un saladier, mélangez le jus de citron vert, la sauce nam-pla et le sucre. Ajoutez les tranches de pomme, brassez délicatement le tout, puis incorporez les feuilles de coriandre et de menthe. Servez les steaks avec la salade et du riz jasmin.

• Par portion : 310 Calories – Protéines : 36 g – Glucides : 15 g – Lipides : 12 g (dont 3 g de graisses saturées) – Fibres : 2 g – Sel : 1,08 g – Sucres ajoutés : 15 g.

Ces bruschettas sont parfaites pour un déjeuner à deux, mais vous pouvez également les confectionner avec des morceaux de pain plus petits et les servir en apéritif.

Bruschettas aux crevettes pimentées

Pour 2 personnes
Préparation et cuisson : 20 min

- 200 g de grosses crevettes crues décortiquées
- 1/2 baguette
- 1 gros piment rouge
- 2 gousses d'ail
- 1 citron
- les feuilles de 1 petit bouquet de coriandre
- 1 cuill. à café d'huile d'olive
- 2 bonnes poignées de roquette
- sel et poivre du moulin

1 Incisez légèrement le dos des crevettes et retirez la veine noire. Coupez 4 tranches de baguette assez fines en biseau, faites-les griller et maintenez-les au chaud. Épépinez le piment, puis émincez-le avec l'ail. Pressez le citron et hachez les feuilles de coriandre.

2 Mettez l'huile à chauffer dans un wok ou dans une sauteuse. Faites-y revenir l'ail et le piment jusqu'à ce qu'ils grésillent. Augmentez le feu, ajoutez les crevettes, puis laissez-les cuire jusqu'à ce qu'elles soient roses. Hors du feu, incorporez le jus de citron, la coriandre et assaisonnez le tout. Déposez les crevettes sur les toasts, parsemez-les de roquette, puis servez.

• Par portion : 294 Calories – Protéines : 26 g – Glucides : 38 g – Lipides : 5 g (dont 1 g de graisses saturées) – Fibres : 3 g – Sel : 1,48 g – Sucres ajoutés : 3 g.

Une recette incontournable pour les amateurs d'agneau.

Côtelettes d'agneau à la semoule

Pour 4 personnes
Préparation et cuisson : 30 min
Marinade : 10 min

- 1 oignon rouge
- 20 g de feuilles de menthe
- 20 g de persil plat
- 4 (ou 8) côtelettes d'agneau
- 2 cuill. à café de paprika fumé
- 3 cuill. à soupe de vinaigre de vin rouge
- 3 cuill. à soupe d'huile d'olive
- 8 dattes
- 2 citrons non traités
- 200 g de semoule de couscous
- 5 cuill. à soupe de pignons de pin grillés
- sel et poivre du moulin

1 Préchauffez le gril du four. Hachez finement l'oignon et grossièrement la menthe et le persil. Mettez les côtelettes dans un saladier. Ajoutez le paprika, la moitié de l'oignon, 1 cuillerée à soupe de vinaigre et 1/2 cuillerée à soupe d'huile d'olive. Assaisonnez et laissez mariner.

2 Pendant ce temps, dénoyautez les dattes et hachez-les. Prélevez le zeste des citrons, détaillez-le en lamelles, puis pressez les fruits. Dans un saladier résistant à la chaleur, mélangez la semoule avec les pignons de pin, les dattes, le zeste et la moitié du jus de citron. Portez à ébullition 15 cl d'eau, versez-la sur la semoule, couvrez et laissez gonfler 10 minutes.

3 Retirez les côtelettes de la marinade, enfournez-les et laissez-les cuire 2 ou 3 minutes de chaque côté, puis enveloppez-les dans une feuille d'aluminium et réservez-les. Incorporez la moitié de la menthe et du persil à la semoule. Assaisonnez, puis arrosez avec le reste du jus de citron. Dans un bol, mélangez le reste des fines herbes, de l'oignon, du vinaigre et de l'huile, assaisonnez et servez les côtelettes avec la semoule et la vinaigrette.

• Par portion : 635 Calories – Protéines : 35 g – Glucides : 50 g – Lipides : 34 g (dont 11 g de graisses saturées) – Fibres : 2 g – Sel : 0,23 g – Sucres ajoutés : 23 g.

Un dîner sain et apprécié de tous.

Poisson grillé et salade de courgettes

Pour 4 personnes
Préparation et cuisson : 20 min

- 12 petites courgettes
- 1½ cuill. à soupe d'huile d'olive
- 4 pavés de poisson blanc épais avec la peau
- 1/2 citron
- les feuilles de 1 bouquet de menthe fraîche
- 100 g de cresson ou de roquette
- sel et poivre du moulin

POUR L'AÏOLI AUX FINES HERBES

- 1 gousse d'ail
- 1 poignée de fines herbes (ciboulette, persil, menthe et aneth)
- 20 cl de mayonnaise à l'huile d'olive
- 1 citron

1 Faites chauffer un gril sur feu vif. Coupez les courgettes en deux dans la longueur et enduisez-les de 1 cuillerée à café d'huile d'olive. Assaisonnez-les, laissez-les cuire sur le gril jusqu'à ce qu'elles soient tendres, puis réservez-les.

2 Préparez l'aïoli aux fines herbes. Écrasez l'ail, hachez les trois quarts des fines herbes, puis incorporez-les à la mayonnaise. Pressez le citron et versez la quantité de jus souhaitée.

3 Assaisonnez le poisson, puis faites chauffer une poêle antiadhésive. Ajoutez 1 cuillerée à café d'huile d'olive et faites-y revenir le poisson, côté peau en dessous, pendant 3 minutes. Retournez le poisson et prolongez la cuisson de 1 minute, jusqu'à ce qu'il soit cuit.

4 Pressez le demi-citron et mélangez-le avec 1 cuillerée à soupe d'huile d'olive dans un saladier. Assaisonnez, ajoutez les courgettes, les feuilles de menthe, le cresson et brassez le tout. Répartissez la salade dans les assiettes, ajoutez le poisson, 1 cuillerée à soupe d'aïoli, parsemez du reste des fines herbes et servez.

• Par portion : 594 Calories – Protéines : 35 g – Glucides : 2 g – Lipides : 49 g (dont 7 g de graisses saturées) – Fibres : 1 g – Sel : 0,37 g – Sucres ajoutés : 2 g.

Les noix de saint-jacques sont rapides à préparer et se marient très bien avec le citron et le piment.

Noix de saint-jacques aux poireaux

Pour 4 personnes

Préparation et cuisson : 20 min

- 4 jeunes poireaux
- 12 noix de saint-jacques, avec ou sans corail
- 1 cuill. à soupe d'huile d'olive
- sel et poivre du moulin

POUR LE BEURRE CITRONNÉ ET PIMENTÉ

- 1 piment rouge
- les feuilles de 1 bouquet de persil frais
- 2 gousses d'ail
- 2 citrons non traités
- 250 g de beurre à température ambiante

POUR SERVIR

- quartiers de citron

1 Préparez le beurre citronné et pimenté. Épépinez le piment, hachez-le avec le persil, puis écrasez l'ail et râpez le zeste des citrons. Dans un saladier, réunissez le beurre, le piment, l'ail, le zeste de citron et les trois quarts du persil haché, puis mélangez le tout au fouet. Transférez le mélange sur une feuille de film alimentaire, roulez la feuille de façon à former un boudin et placez-le au congélateur.

2 Pendant ce temps, lavez les poireaux, coupez-les en lamelles et faites-les cuire 6 minutes à la vapeur. Assaisonnez-les et réservez-les.

3 Essuyez les noix de saint-jacques, puis assaisonnez-les. Mettez une sauteuse à chauffer, versez-y l'huile d'olive et saisissez les noix de saint-jacques pendant 2 minutes. Retournez-les et prolongez la cuisson de 1 minute, puis arrêtez le feu. Sortez le beurre du congélateur, coupez-le en tranches et incorporez-en quelques-unes aux noix de saint-jacques. Déposez dans chaque assiette du poireau et 3 noix de saint-jacques. Nappez de sauce, puis parsemez du reste de persil haché. Servez avec des quartiers de citron.

• Par portion : 588 Calories – Protéines : 19 g – Glucides : 3 g – Lipides : 56 g (dont 33 g de graisses saturées) – Fibres : 2 g – Sel : 1,47 g – Sucres ajoutés : 2 g.

Un bon moyen de réinventer vos plats de pâtes !

Bœuf stroganoff et pâtes aux fines herbes

Pour 4 personnes
Préparation et cuisson : 30 min

- 400 g de rumsteck dégraissé
- 15 g de beurre
- 1 cuill. à soupe d'huile d'olive
- 300 g de champignons de Paris
- 400 g de pappardelle ou de tagliatelles
- 3 échalotes
- 1 cuill. à soupe de farine
- 30 cl de bouillon de bœuf
- 1 cuill. à soupe de moutarde de Dijon
- 1 cuill. à soupe de purée de tomates
- 3 cuill. à soupe de crème fraîche
- 10 g de persil plat
- sel et poivre du moulin

1 Coupez la viande en lamelles. Dans une poêle antiadhésive, faites chauffer la moitié du beurre et de l'huile. Assaisonnez la viande, saisissez-la brièvement à feu vif dans la poêle, jusqu'à ce qu'elle soit brune des deux côtés, puis réservez-la. Procédez de même avec les champignons. Faites cuire les pâtes dans de l'eau bouillante salée.

2 Pendant ce temps, émincez les échalotes, puis mettez le reste du beurre et de l'huile à chauffer dans la poêle. Faites-y revenir les échalotes pendant quelques minutes. Ajoutez la farine et prolongez la cuisson de 1 minute en remuant, puis versez le bouillon dans la poêle. Laissez bouillonner 5 minutes. Incorporez la moutarde, la purée de tomates et la crème fraîche. Assaisonnez, laissez bouillonner 1 minute, puis remettez le bœuf et les champignons dans la poêle.

3 Hachez le persil. Égouttez les pâtes, mélangez-les avec la moitié du persil et assaisonnez-les. Servez les pâtes nappées de sauce et parsemées du reste de persil.

• Par portion : 614 Calories – Protéines : 38 g – Glucides : 81 g – Lipides : 18 g (dont 7 g de graisses saturées) – Fibres : 4 g – Sel : 0,94 g – Sucres ajoutés : 4 g.

La sauce tartare accompagne également à merveille la truite et le poisson blanc.

Saumon aux épinards

Pour 2 personnes
Préparation et cuisson : 15 min

- 1 cuill. à café d'huile végétale ou de tournesol
- 2 pavés de saumon sans la peau
- 250 g d'épinards frais
- 1/2 citron
- 2 cuill. à soupe de persil plat
- 2 cuill. à soupe de crème fraîche allégée
- 1 cuill. à café de câpres
- sel et poivre du moulin

POUR SERVIR
- quartiers de citron

1 Dans une sauteuse, mettez l'huile à chauffer. Assaisonnez le saumon des deux côtés et faites-le revenir dans la sauteuse pendant 4 minutes de chaque côté, puis réservez-le au chaud.

2 Disposez les épinards dans la sauteuse encore chaude. Assaisonnez-les généreusement, puis couvrez et laissez-les fondre 1 minute, en remuant une ou deux fois. Répartissez les épinards dans deux assiettes et posez le saumon dessus.

3 Pressez le demi-citron. Hachez le persil, puis mettez-le dans la sauteuse avec la crème fraîche, le jus de citron et les câpres. Assaisonnez selon votre goût. Faites chauffer la sauce à feu doux sans la laisser bouillir, puis versez-la sur le poisson. Servez avec des quartiers de citron.

• Par portion : 321 Calories – Protéines : 32 g – Glucides : 3 g – Lipides : 20 g (dont 5 g de graisses saturées) – Fibres : 3 g – Sel : 0,77 g – Sucres ajoutés : 3 g.

Ce plat indien raffiné associe des ingrédients courants et des magrets de canard, faciles à cuisiner.

Magrets de canard et riz sauvage

Pour 2 personnes
Préparation et cuisson : 30 min

- 2 magrets de canard avec la peau
- 1½ cuill. à café de *garam masala* (mélange d'épices indien)
- 2 cuill. à soupe de gingembre râpé

POUR LE PILAF

- 1 botte d'oignons nouveaux
- 15 g de beurre
- 1 cuill. à café de graines de cumin
- 100 g d'un mélange de riz basmati et de riz sauvage
- 30 cl de bouillon de poulet ou de légumes
- 85 g de petits pois surgelés
- sel et poivre du moulin.

POUR SERVIR

- chutney de mangue (dans les épiceries asiatiques)

1 Préchauffez le four à 200 °C (therm. 6-7). Incisez la peau des magrets dans un sens et dans l'autre, puis frottez-la avec le garam masala et le gingembre. Faites chauffer une poêle antiadhésive et mettez-y à revenir le canard, côté peau en dessous, pendant 10 minutes, en retirant la graisse fondue à mi-cuisson. Transférez les magrets dans un plat à rôtir, côté peau en dessus. Enfournez pour 10 minutes, puis réservez.

2 Pendant ce temps, préparez le pilaf. Émincez les oignons nouveaux. Laissez fondre le beurre dans une casserole à feu doux. Augmentez le feu et faites sauter les graines de cumin pendant 2 ou 3 minutes dans la casserole. Ajoutez le riz, puis remuez et laissez cuire quelques minutes. Versez le bouillon, couvrez partiellement et laissez mijoter de 6 à 8 minutes. Ajoutez les petits pois, puis prolongez la cuisson de 4 minutes. Une fois le liquide absorbé, incorporez les oignons au mélange et assaisonnez selon votre goût. Coupez les magrets en tranches, puis servez-les avec le riz et du chutney de mangue.

- Par portion : 894 Calories – Protéines : 54 g – Glucides : 47 g – Lipides : 57 g (dont 17 g de graisses saturées) – Fibres : 3 g – Sel : 1,37 g – Sucres ajoutés : 3 g.

Quelques ingrédients originaux permettent de transformer de simples pâtes en plat idéal pour recevoir des amis.

Pâtes au saumon fumé

Pour 6 personnes
Préparation et cuisson : 15 min

- 600 g de trofie ou autres pâtes
- 10 cl de vin blanc
- 15 cl de crème fraîche épaisse
- 20 g de parmesan
- 450 g de saumon fumé sans la peau
- 85 g de pignons de pin
- sel et poivre du moulin

POUR SERVIR

- mâche
- concombre

1 Faites cuire les pâtes dans une grande casserole d'eau bouillante salée.

2 Pendant ce temps, versez le vin dans une sauteuse. Portez à ébullition, laissez mijoter 1 minute, puis baissez le feu. Incorporez la crème fraîche et assaisonnez généreusement. Râpez le parmesan.

3 Égouttez les pâtes et transférez-les dans la sauteuse. Ajoutez le parmesan, puis émiettez le saumon dans la poêle et mélangez délicatement le tout. Faites griller les pignons de pin à sec dans une poêle antiadhésive. Répartissez les pâtes au saumon dans des bols, parsemez de pignons de pin et servez avec de la mâche et du concombre.

• Par portion : 702 Calories – Protéines : 33 g – Glucides : 78 g – Lipides : 30 g (dont 10 g de graisses saturées) – Fibres : 3 g – Sel : 2 g – Sucres ajoutés : 4 g.

Voici une variante de poulet au curry, riche en goût et pauvre en graisse.

Poulet épicé et riz aux oignons

Pour 2 personnes
Préparation et cuisson : 35 min

- 2 blancs de poulet sans la peau d'environ 140 g chacun
- 1 cuill. à soupe d'huile de tournesol
- 2 cuill. à café de curry en poudre
- 1 oignon rouge
- 100 g de riz basmati
- 1 bâton de cannelle
- 1 pincée de pistil de safran
- 1 cuill. à soupe de raisins secs
- 85 g de petits pois surgelés
- sel et poivre du moulin

POUR LA SAUCE

- 1 cuill. à soupe de feuilles de menthe
- 1 cuill. à soupe de feuilles de coriandre
- 4 cuill. à soupe bombées de yaourt nature allégé

1 Préchauffez le four à 190 °C (therm. 6-7). Enduisez les blancs de poulet de 1 cuillerée à café d'huile, puis enrobez-les de curry. Émincez l'oignon et mélangez-le avec le reste de l'huile. Disposez le poulet et l'oignon dans un plat à rôtir, puis enfournez pour 25 minutes, en remuant à mi-cuisson.

2 Pendant ce temps, rincez le riz, puis mettez-le dans une casserole, avec la cannelle et le safran. Salez selon votre goût, ajoutez 30 cl d'eau et portez à ébullition. Remuez, incorporez les raisins secs, puis couvrez et laissez cuire à feu doux 5 ou 6 minutes. Ajoutez les petits pois et prolongez la cuisson de 5 minutes, jusqu'à ce que le riz soit tendre.

3 Préparez la sauce : hachez les feuilles de menthe et de coriandre, puis mélangez-les au yaourt et assaisonnez selon votre goût. Transférez le riz dans deux assiettes. Ajoutez le poulet et parsemez d'oignon rôti. Servez avec la sauce présentée dans une coupelle.

• Par portion : 495 Calories – Protéines : 45 g – Glucides : 63 g – Lipides : 9 g (dont 2 g de graisses saturées) – Fibres : 5 g – Sel : 0,39 g – Sucres ajoutés : 15 g.

Le maquereau est excellent pour la santé. Servez-le avec des pois chiches pour composer un repas aussi délicieux qu'équilibré.

Maquereau aux pois chiches

Pour 4 personnes

Préparation et cuisson : 25 min

- 1 botte d'oignons nouveaux
- 1 grosse gousse d'ail
- 1 citron non traité
- 3 cuill. à soupe d'huile d'olive
- 800 g de pois chiches
- 85 g de tomates séchées à l'huile
- 15 cl de bouillon de légumes
- 4 filets de maquereau avec la peau
- 20 g de feuilles de basilic frais
- quelques gouttes de jus de citron
- sel et poivre du moulin

1 Émincez les oignons puis écrasez l'ail. Prélevez le zeste du citron, détaillez-le en lamelles et pressez le fruit. Dans une casserole, mettez 2 cuillerées à soupe d'huile à chauffer. Faites-y revenir les oignons nouveaux, l'ail et le zeste de citron pendant 2 minutes. Égouttez et rincez les pois chiches, puis transférez-les dans la casserole. Mélangez et écrasez légèrement le tout à l'aide d'un presse-purée. Coupez les tomates en deux, puis ajoutez-les à la préparation avec le bouillon. Laissez mijoter 3 ou 4 minutes et réservez.

2 Faites chauffer le reste de l'huile dans une poêle à feu moyen. Assaisonnez le maquereau et laissez-le cuire dans la poêle 3 minutes de chaque côté.

3 Froissez les feuilles de basilic, puis incorporez-les aux pois chiches avec quelques gouttes de jus de citron et assaisonnez. Répartissez les pois chiches dans les assiettes. Arrosez d'un filet d'huile d'olive, ajoutez le poisson, puis servez.

• Par portion : 486 Calories – Protéines : 29 g – Glucides : 24 g – Lipides : 31 g (dont 5 g de graisses saturées) – Fibres : 7 g – Sel : 1,21 g – Sucres ajoutés : 4 g.

Cette recette indienne est très facile à préparer. Les morceaux de poulet sont enduits de sauce, enfilés sur des brochettes, puis grillés, de façon à profiter de leur saveur en limitant les calories.

Poulet tikka et salade de crudités

Pour 4 personnes
Préparation et cuisson : 30 min
Marinade (facultative) : 1 h

- 4 blancs de poulet sans la peau
- 150 g de yaourt nature allégé
- 2 cuill. à soupe de pâte de curry épicé
- 250 g de tomates cerises

POUR LA SALADE DE CRUDITÉS

- 1/2 concombre
- 1 oignon rouge
- 1 poignée de feuilles de coriandre fraîche
- 1 citron
- 50 g de mâche

POUR SERVIR

- 4 chapati complets (pains indiens)

1 Préchauffez le gril du four. Faites tremper huit piques à brochettes en bois dans de l'eau. Coupez le poulet en dés, puis mélangez-le avec le yaourt et la pâte de curry. Si vous en avez le temps, laissez mariner pendant 1 heure.

2 Préparez la salade de crudités. Coupez le demi-concombre en deux dans la longueur, épépinez-le, puis détaillez-le en tranches. Émincez l'oignon et hachez la coriandre. Dans un grand saladier, mélangez les ingrédients de la salade à l'exception de la mâche, puis réservez au frais.

3 Enfilez les dés de poulet et les tomates cerises sur les brochettes. Enfournez-les et laissez-les cuire de 15 à 20 minutes, en les retournant de temps en temps. Incorporez délicatement la mâche à la salade de crudités, puis répartissez cette dernière dans quatre assiettes. Faites chauffer les chapati dans une poêle antiadhésive, posez deux brochettes de poulet sur chaque assiette et servez avec le pain chaud.

• Par portion : 214 Calories – Protéines : 37 g – Glucides : 8 g – Lipides : 4 g (dont 1 g de graisses saturées) – Fibres : 1 g – Sel : 0,61 g – Sucres ajoutés : 7 g.

Ces boulettes de thon, faciles à préparer et pauvres en graisse, constituent un plat copieux, idéal pour un repas entre amis.

Boulettes de thon à l'italienne

Pour 4 personnes
Préparation et cuisson : 20 min

- 320 g de thon à l'huile en conserve
- 1 citron non traité
- 1 petite poignée de feuilles de persil frais
- 1 œuf
- 1 petite poignée de pignons de pin
- 50 g de chapelure
- 400 g de spaghettis
- 500 g de sauce tomate
- sel et poivre du moulin

1 Égouttez le thon en réservant un peu d'huile. Râpez finement le zeste du citron, hachez grossièrement les feuilles de persil, puis battez l'œuf. Dans un saladier, émiettez le thon. Ajoutez le zeste de citron, le persil, l'œuf battu, les pignons de pin et la chapelure. Assaisonnez à votre convenance. Mélangez le tout avec les mains, puis façonnez 12 boulettes de la taille d'une noix.

2 Faites cuire les spaghettis dans une grande casserole d'eau bouillante salée.

3 Pendant ce temps, mettez à chauffer l'huile du thon réservée dans une grande poêle antiadhésive. Faites-y revenir les boulettes de thon pendant 5 minutes, en les retournant régulièrement, puis enlevez le surplus d'huile à l'aide de papier absorbant. Dans une casserole, réchauffez la sauce tomate. Égouttez les pâtes et transvasez-les dans un grand plat de service. Incorporez la sauce et les boulettes, puis servez.

• Par portion : 594 Calories – Protéines : 35 g – Glucides : 92 g – Lipides : 12 g (dont 2 g de graisses saturées) – Fibres : 4 g – Sel : 1,42 g – Sucres ajoutés : 8 g.

Cette salade saine et savoureuse égayera votre soirée !

Salade de lentilles aux champignons et au chèvre

Pour 4 personnes
Préparation et cuisson : 20 min

- 250 g de champignons de Paris
- 2 poivrons rouges
- 1/2 oignon rouge
- 400 g de lentilles en conserve
- 2 à 3 cœurs de sucrine
- 3 cuill. à soupe d'huile d'olive
- 2 cuill. à soupe de vinaigre de vin rouge
- 2 cuill. à café de moutarde de Dijon
- 100 g de fromage de chèvre

1 Émincez les champignons. Épépinez les poivrons et hachez-les finement avec le demi-oignon. Égouttez et rincez les lentilles, puis séparez les feuilles des cœurs de sucrine. Dans une poêle antiadhésive, mettez à chauffer 2 cuillerées à soupe d'huile. Faites-y revenir brièvement les champignons jusqu'à ce qu'ils commencent à ramollir, puis ôtez la poêle du feu. Incorporez le reste de l'huile, le vinaigre et la moutarde. Ajoutez les poivrons, l'oignon et les lentilles, puis mélangez bien le tout.

2 Disposez les feuilles de salade dans quatre assiettes. Ajoutez la salade de lentilles, émiettez le fromage de chèvre et servez.

• Par portion : 220 Calories – Protéines : 10 g – Glucides : 15 g – Lipides : 14 g (dont 4 g de graisses saturées) – Fibres : 4 g – Sel : 1,31 g – Sucres ajoutés : 7 g.

Cette salade riche en oméga-3, en fer et en calcium apporte deux des cinq portions de fruits et légumes recommandées par jour.

Pavés de saumon et semoule en salade

Pour 2 personnes
Préparation et cuisson : 25 min

- 100 g de semoule de couscous
- 1 cuill. à soupe d'huile d'olive
- 200 g de brocolis
- 2 pavés de saumon sans la peau
- 1/2 grenade
- 1 citron
- 1 petite poignée de graines de citrouille (dans les magasins bio)
- 2 poignées de cresson frais
- sel et poivre du moulin

POUR SERVIR
- quartiers de citron

1 Mettez de l'eau à chauffer dans un cuit-vapeur. Disposez la semoule dans un récipient résistant à la chaleur. Assaisonnez, puis mélangez-la avec 1 cuillerée à café d'huile d'olive. Arrosez d'eau bouillante jusqu'à 1 cm au-dessus du niveau de la semoule et laissez reposer.

2 Détaillez les brocolis en bouquets. Quand l'eau bout dans le cuit-vapeur, plongez-y les brocolis et mettez le saumon dans le panier-vapeur. Laissez cuire 3 minutes. Égouttez les brocolis et refroidissez-les sous l'eau froide.

3 Égrainez la demi-grenade. Pressez le citron et mélangez son jus avec le reste de l'huile d'olive. Incorporez-les à la semoule avec les brocolis, les graines de grenade et les graines de citrouille. Hachez grossièrement le cresson et mélangez-le à la semoule.

4 Servez le saumon sur la semoule dans une assiette, arrosez d'un filet d'huile d'olive et servez avec des quartiers de citron.

• Par portion : 522 Calories – Protéines : 39 g – Glucides : 34 g – Lipides : 27 g (dont 5 g de graisses saturées) – Fibres : 6 g – Sel : 0,25 g – Sucres ajoutés : 8 g.

Cette copieuse tourte au poulet
apporte moins de 350 calories par portion !

Parmentiers de poulet aux poireaux

Pour 4 personnes
Préparation et cuisson : 45 min

- 500 g de panais
- 300 g de pommes de terre à chair farineuse
- 4 poireaux
- 500 g de blancs de poulet sans la peau
- 2 cuill. à café de fécule de maïs
- 1 cuill. à soupe d'huile d'olive
- 1 citron non traité
- 2 cuill. à soupe de persil frais
- 2 cuill. à soupe de crème fraîche allégée
- 1 cuill. à soupe de moutarde à l'ancienne
- sel et poivre du moulin

1 Préchauffez le gril du four. Pelez les panais et les pommes de terre. Coupez les premiers en gros morceaux et les secondes en petits dés. Faites-les cuire dans une casserole d'eau bouillante pendant 15 minutes. Égouttez et réservez l'eau de cuisson. Assaisonnez, puis écrasez l'ensemble à l'aide d'un presse-purée.

2 Pendant ce temps, détaillez les poireaux en rondelles et le poulet en petits dés. Enrobez les dés de poulet de fécule de maïs. Dans une casserole, mettez l'huile à chauffer. Faites-y revenir les poireaux pendant 3 minutes. Ajoutez le poulet et 20 cl d'eau de cuisson des pommes de terre. Portez à ébullition, sans cesser de remuer, et laissez mijoter 10 minutes.

3 Râpez le zeste du citron et hachez le persil. Hors du feu, ajoutez-les dans la casserole, avec la crème fraîche et la moutarde. Répartissez la préparation dans quatre ramequins allant au four. Couvrez de purée, enfournez pour 5 minutes et servez chaud.

• Par portion : 331 Calories – Protéines : 36 g – Glucides : 34 g – Lipides : 7 (dont 1 g de graisses saturées) – Fibres : 9 g – Sel : 0,25 g – Sucres ajoutés : 10 g.

Si vous aimez le poulet à la sauce satay,
vous adorerez ce dîner savoureux et rapide à préparer.

Poulet aux cacahuètes et salade de nouilles de sarrasin

Pour 4 personnes
Préparation et cuisson : 35 min

- 140 g de cacahuètes grillées non salées
- 4 blancs de poulet sans la peau
- 1 œuf
- 85 g de nouilles soba (nouilles de sarrasin, en épiceries asiatiques)
- 1 concombre
- les feuilles de 1 petit bouquet de menthe fraîche
- 1 piment rouge
- 2 citrons verts
- 1 ou 2 cuill. à café de sucre en poudre
- sel et poivre du moulin

1 Préchauffez le four à 200 °C (therm. 6-7) et tapissez une plaque de cuisson de papier sulfurisé. Hachez grossièrement les cacahuètes dans le bol d'un robot, puis transférez-les dans une assiette. Coupez les blancs de poulet en deux dans la longueur. Battez légèrement l'œuf dans un saladier, puis plongez-y les morceaux de poulet. Enrobez-les d'éclats de cacahuète et déposez-les sur la plaque de cuisson. Enfournez pour 20 minutes.

2 Pendant ce temps, faites cuire les nouilles. Égouttez-les et rincez-les sous l'eau froide. Coupez le concombre en deux dans la longueur, puis en tranches. Hachez grossièrement les trois quarts de la menthe, épépinez le piment puis émincez-le. Râpez le zeste des citrons verts et pressez les fruits. Dans un saladier, réunissez les nouilles avec le concombre, la menthe, le jus et le zeste des citrons verts, le sucre et le piment. Salez, poivrez, puis brassez le tout délicatement. Parsemez du reste de feuilles de menthe et servez immédiatement avec le poulet pané.

• Par portion : 483 Calories – Protéines : 49 g – Glucides : 24 g – Lipides : 22 g (dont 5 g de graisses saturées) – Fibres : 3 g – Sel : 0,70 g – Sucres ajoutés : 5 g.

L'orange et le fenouil sont parfaits pour donner du goût et de la couleur aux salades hivernales.

Saumon aux pois chiches et à l'orange

Pour 4 personnes
Préparation et cuisson : 20 min

- 4 petits pavés de saumon avec la peau
- 400 g de pois chiches en conserve
- 1 bulbe de fenouil
- 1/2 oignon rouge
- 100 g de cresson frais
- 2 oranges non traitées
- 100 g de yaourt nature
- 2 cuill. à soupe d'aneth haché
- quelques feuilles d'aneth
- sel et poivre du moulin

1 Mettez le saumon dans un plat allant au micro-ondes. Couvrez de film alimentaire et faites cuire de 4 minutes au micro-ondes à puissance maximale, jusqu'à ce que le saumon soit juste cuit. Ôtez la peau du poisson et détaillez sa chair en gros morceaux.

2 Égouttez les pois chiches et rincez-les. Émincez le fenouil et le demi-oignon. Dans un saladier, mélangez le cresson avec les pois chiches, le fenouil et l'oignon. Transférez le mélange dans un plat de service. Prélevez le zeste d'une des oranges, puis pressez-la. Pelez la deuxième orange, détaillez-la en quartiers et ajoutez-les à la salade. Dans un bol, réunissez 2 cuillerées à soupe de jus d'orange, le yaourt, l'aneth, le zeste de l'orange, assaisonnez et mélangez le tout.

3 Parsemez la salade de morceaux de saumon. Nappez-la de sauce à l'orange et servez.

• Par portion : 369 Calories – Protéines : 34 g – Glucides : 24 g – Lipides : 16 g (dont 3 g de graisses saturées) – Fibres : 6 g – Sel : 0,59 g – Sucres ajoutés : 14 g.

Ce dîner savoureux, diététique et bon marché se prépare en moins d'une demi-heure.

Spaghettis aux poireaux et aux petits pois

Pour 2 personnes
Préparation et cuisson : 25 min

- 175 g de spaghettis
- 140 g de petits pois surgelés
- 2 gros poireaux (environ 250 g)
- 1 cuill. à soupe d'huile d'olive
- 1 cuill. à soupe de pesto

POUR SERVIR
- 10 g de parmesan

1 Faites cuire les spaghettis dans une grande casserole d'eau bouillante salée en ajoutant les petits pois 2 minutes avant la fin du temps de cuisson.

2 Pendant ce temps, lavez les poireaux et coupez-les en rondelles. Dans une poêle, mettez l'huile à chauffer, puis ajoutez les poireaux et faites-les cuire 5 minutes à feu doux. Incorporez le pesto et 3 cuillerées à soupe d'eau de cuisson des pâtes. Laissez mijoter quelques minutes.

3 Égouttez les pâtes et les petits pois, transférez-les dans la poêle et mélangez le tout. Répartissez les aliments dans deux assiettes creuses. Râpez le parmesan, parsemez-en la préparation et servez.

• Par portion : 447 Calories – Protéines : 18 g – Glucides : 75 g – Lipides : 10 g (dont 2 g de graisses saturées) – Fibres : 9 g – Sel : 0,11 g – Sucres ajoutés : 8 g.

Servez avec du riz blanc, basmati ou thaï.

Poulet thaï aux pommes et à la mangue

Pour 2 personnes
Préparation et cuisson : 40 min

- 2 petits piments rouges
- 1 morceau de gingembre de 4 cm
- le zeste de 1 citron vert
- 3 échalotes
- 2 cuill. à café d'huile de tournesol
- 2 blancs de poulet avec la peau
- sel et poivre du moulin

POUR LA SALADE

- 1/2 mangue
- 1 pomme rouge
- 3 oignons nouveaux
- 1 citron vert
- les feuilles de 1/2 bouquet de menthe
- les feuilles de 1 petit bouquet de coriandre
- 1½ cuill. à café de sauce nam-pla (à base de poisson)
- 1 pincée de sucre en poudre

POUR SERVIR

- riz blanc

1 Préchauffez le four à 200 °C (therm. 6-7). Épépinez les piments et hachez-les avec le gingembre. Mixez les échalotes avec la moitié du piment et le zeste de citron. Faites chauffer la moitié de l'huile dans une poêle, faites-y frire la pâte à base d'échalote pendant 2 minutes, puis assaisonnez. Glissez cette pâte sous la peau des blancs de poulet. Salez, poivrez et mettez-les dans un plat allant au four, puis enfournez pour 20 minutes.

2 Pendant ce temps, préparez la salade. Pelez la demi-mangue, épépinez les pommes, puis détaillez la chair des fruits en julienne. Émincez les oignons, pressez le citron vert et brassez le tout avec la menthe et la moitié de la coriandre. Mélangez à part la sauce nam-pla, le sucre et la moitié du jus de citron. Mettez les blancs de poulet dans un plat de service. Dégraissez leur jus de cuisson dans une poêle, puis ajoutez le reste du jus de citron vert, 1 filet de sauce nam-pla et faites chauffer à feu doux. Hachez le reste de la coriandre et incorporez-la à la sauce, avec le reste du piment. Arrosez la salade de sauce nam-pla sucrée, mélangez et servez avec le poulet nappé de sauce pimentée et du riz blanc.

• Par portion : 275 Calories – Protéines : 33 g – Glucides : 22 g – Lipides : 7 g (dont 2 g de graisses saturées) – Fibres : 4 g – Sel : 0,80 g – Sucres ajoutés : 20 g.

Rehaussez votre repas grâce à ces simples brochettes de porc mariné.

Brochettes de porc et de champignons

Pour 4 personnes
Préparation et cuisson : 30 min

- 200 g de riz basmati
- 1 cuill. à café de pâte de curry thaï
- 1 cuill. à café de sucre roux
- 250 g de yaourt nature allégé
- 400 g de filet de porc maigre
- 300 g de champignons de Paris
- 2 oignons nouveaux
- 1 morceau de gingembre de 2 cm
- 100 g de pois gourmands
- 1 cuill. à soupe d'huile de tournesol
- 175 g de maïs, surgelé ou en conserve
- 1 bonne pincée de paprika

POUR SERVIR

- quartiers de citron vert

1 Préchauffez le gril du four. Faites tremper 8 piques à brochettes en bois dans de l'eau. Faites cuire le riz dans une grande casserole d'eau bouillante salée, égouttez-le et laissez-le refroidir.

2 Dans un grand saladier, mélangez la pâte de curry, le sucre et la moitié du yaourt. Coupez le porc en dés, puis transférez-les dans le saladier avec les champignons. Mélangez le tout, puis enfilez les dés de porc et les champignons sur les piques en alternant.

3 Enfournez les brochettes et laissez-les cuire de 6 à 8 minutes, en les retournant à mi-cuisson. Pendant ce temps, hachez finement les oignons et le gingembre, puis coupez les pois gourmands en lamelles. Mettez l'huile à chauffer dans un wok. Faites-y revenir brièvement les oignons et le gingembre. Ajoutez le riz, les pois gourmands, le maïs et le paprika, puis faites sauter le tout pendant 3 minutes. Répartissez le riz et les brochettes dans quatre assiettes avec le reste du yaourt et quelques quartiers de citron.

• Par portion : 421 Calories – Protéines : 33 g – Glucides : 56 g – Lipides : 9 g (dont 2 g de graisses saturées) – Fibres : 2 g – Sel : 0,37 g – Sucres ajoutés : 8 g.

Le tamarin est un fruit indien à la saveur acidulée.

Poulet au tamarin et purée de pommes de terre épicée

Pour 4 personnes
Préparation et cuisson : 40 min

- 1 kg de pommes de terre
- 2 cuill. à café de curcuma en poudre
- 500 g de brocolis
- 4 cuill. à café de pulpe de tamarin
- 2 cuill. à soupe de chutney de mangue (dans les épiceries asiatiques)
- 4 blancs de poulet sans la peau
- 100 g de yaourt nature
- 1 cuill. à soupe de pâte de curry *korma*
- 5 oignons nouveaux
- sel et poivre du moulin

1 Préchauffez un gril sur feu vif. Pelez les pommes de terre, coupez-les en dés, puis mettez-les dans une casserole remplie d'eau froide. Ajoutez le curcuma, portez à ébullition et laissez mijoter de 12 à 15 minutes. Détaillez les brocolis en bouquets, mettez-les dans une passoire en métal et faites-les cuire à la vapeur sur la casserole contenant les pommes de terre, pendant 5 minutes.

2 Mélangez la pulpe de tamarin et le chutney de mangue. Pratiquez quelques incisions sur les blancs de poulet et badigeonnez-les du mélange. Faites-les cuire sur le gril 5 minutes de chaque côté.

3 Égouttez les pommes de terre, écrasez-les avec le yaourt et la pâte de curry, puis réservez la purée au chaud. Émincez les oignons et incorporez-en les trois quarts à la purée. Répartissez-la dans quatre assiettes, avec un blanc de poulet et quelques bouquets de brocolis. Parsemez des oignons restants et servez.

• Par portion : 394 Calories – Protéines : 41 g – Glucides : 53 g – Lipides : 3 g (dont 1 g de graisses saturées) – Fibres : 3 g – Sel : 0,70 g – Sucres ajoutés : 10 g.

La cuisson au four fait ressortir la douceur des carottes. L'association de carottes cuites et de feta permet de confectionner une succulente salade.

Salade de carottes et d'épinards à la feta

Pour 2 personnes
Préparation et cuisson : 30 min

- 300 g de carottes
- 1 orange non traitée
- 1 cuill. à café de graines de carvi
- 2 cuill. à café d'huile d'olive
- 2 cuill. à café de vinaigre
- de vin rouge
- 1 cuill. à soupe de graines mélangées (citrouille, tournesol et lin)
- 2 bonnes poignées de pousses d'épinards
- 50 g de feta
- sel et poivre du moulin

1 Préchauffez le four à 200 °C (therm. 6-7). Pelez les carottes et coupez-les en deux ou en quatre dans la longueur. Faites-les cuire 4 minutes dans une casserole d'eau bouillante. Égouttez-les, puis disposez-les sur une plaque de cuisson. Prélevez le zeste de l'orange, détaillez-le en lamelles et ajoutez-les aux carottes avec les graines de carvi et 1 cuillerée à café d'huile. Mélangez le tout, assaisonnez, puis enfournez pour 20 minutes.

2 Pendant ce temps, pelez l'orange à vif. Détachez ses segments, au-dessus d'un saladier, pour récupérer à la fois la chair et le jus de l'orange. Ajoutez le reste de l'huile, le vinaigre, les graines et assaisonnez. Brassez le tout délicatement, puis incorporez les carottes et les épinards. Répartissez la salade dans deux assiettes, émiettez la feta sur le dessus et servez.

• Par portion : 221 Calories – Protéines : 9 g – Glucides : 22 g – Lipides : 12 g (dont 4 g de graisses saturées) – Fibres : 6 g – Sel : 1,2 g – Sucres ajoutés : 19 g.

Ces tourtes, à la fois copieuses, saines et équilibrées sont très faciles à préparer.

Tourtes aux petits pois et aux poireaux

Pour 4 personnes
Préparation et cuisson : 40 min

- 140 g de petits pois surgelés
- 450 g de poireaux
- 2½ cuill. à soupe d'huile d'olive
- 45 cl de bouillon de légumes
- 100 g de farine à levure incorporée
- 75 g de yaourt nature allégé
- 1 cuill. à café de feuilles de thym frais
- 1 pincée de sel
- 1 petite pomme
- 85 g de dés de jambon

1 Préchauffez le four à 200 °C (therm. 6-7). Laissez décongeler les petits pois. Coupez les poireaux en rondelles et lavez-les. Dans une poêle, faites chauffer 1/2 cuillerée à soupe d'huile d'olive. Faites-y revenir les poireaux pendant 5 minutes, en remuant régulièrement. Ajoutez le bouillon de légumes et laissez mijoter 5 minutes.

2 Pendant ce temps, mettez la farine dans un saladier et creusez un puits au centre. Ajoutez le yaourt, le reste de l'huile, le thym et le sel. Mélangez jusqu'à l'obtention d'une pâte souple. Sur un plan de travail fariné, divisez la pâte en quatre et façonnez autant de disques de pâte.

3 Râpez la pomme, puis incorporez-la aux poireaux avec les petits pois et le jambon. Répartissez le mélange dans quatre ramequins. Déposez un disque de pâte sur chacun d'eux, garnissez d'un brin de thym, puis enfournez pour 15 minutes. Servez bien chaud.

• Par portion : 255 Calories – Protéines : 12 g – Glucides : 32 g – Lipides : 9 g (dont 2 g de graisses saturées) – Fibres : 6 g – Sel : 1,02 g – Sucres ajoutés : 8 g.

Ce plat facile à réaliser, pauvre en graisse et légèrement épicé, a tout pour satisfaire votre appétit et vos papilles.

Saumon à la coriandre et riz au gingembre

Pour 2 personnes
Préparation et cuisson : 30 min

- 1 piment rouge
- 1 petit bouquet de coriandre fraîche
- 1 cuill. à soupe d'huile d'olive
- 2 pavés de saumon sans la peau d'environ 140 g chacun
- sel et poivre du moulin

POUR LE RIZ AU GINGEMBRE

- 1 oignon
- 1 morceau de gingembre de 2 cm
- 1 gousse d'ail
- 1 cuill. à soupe d'huile d'olive
- 100 g de riz basmati

POUR SERVIR

- 1 citron vert

1 Préchauffez le gril du four. Préparez le riz au gingembre. Mettez 30 cl d'eau à chauffer dans une bouilloire. Hachez l'oignon et le gingembre, puis émincez l'ail. Dans une casserole, faites chauffer l'huile d'olive et laissez-y revenir l'oignon pendant quelques minutes. Ajoutez le gingembre et l'ail, prolongez la cuisson de 1 minute, puis incorporez le riz. Versez l'eau bouillante dans la casserole. Salez et portez à ébullition. Couvrez, puis laissez cuire de 10 à 12 minutes, jusqu'à ce que le riz soit tendre.

2 Épépinez le piment et hachez-le finement avec la coriandre. Huilez légèrement le saumon et posez-le sur une plaque de cuisson. Enfournez et laissez cuire 4 ou 5 minutes. Parsemez le saumon de piment et de coriandre hachés. Arrosez-le du reste de l'huile, assaisonnez et enfournez de nouveau pour 5 minutes. Coupez le citron vert en quartiers. Disposez le poisson et le riz dans deux assiettes avec les quartiers de citron et servez.

• Par portion : 546 Calories – Protéines : 33 g – Glucides : 46 g – Lipides : 27 g (dont 5 g de graisses saturées) – Fibres : 1 g – Sel : 0,17 g – Sucres ajoutés : 4 g.

Les framboises surgelées permettent de confectionner ce dessert tout au long de l'année. Vous pouvez préparer la crème 1 à 2 heures à l'avance et la réserver au frais.

Mousse glacée à la framboise

Pour 4 personnes
Préparation : 10 min

- 1/2 citron
- 500 g de fromage blanc
- 50 g de sucre glace
- 250 g de framboises surgelées

1 Pressez le demi-citron. Dans un grand saladier, réunissez le fromage blanc, le sucre glace et quelques gouttes de jus de citron. Mélangez à l'aide d'une cuillère en bois jusqu'à l'obtention d'un mélange crémeux.

2 Incorporez délicatement les framboises jusqu'à ce qu'elles commencent à se départager et que la mousse se marbre de rose. Goûtez la préparation et ajoutez quelques gouttes de jus de citron si vous le souhaitez. Servez dans des verrines.

• Par portion : 158 Calories – Protéines : 19 g – Glucides : 21 g – Pas de lipides (pas de graisses saturées) – Fibres : 2 g – Sel : 0,17 g – Sucres ajoutés : 13 g.

Terminez en beauté un dîner romantique avec ce dessert riche et crémeux. Vous trouverez des cantuccini et des amaretti dans les épiceries italiennes.

Crèmes au chocolat

Pour 2 personnes
Préparation et cuisson : 10 min
Réfrigération : 20 min

- 50 g de chocolat noir (à 70 % de cacao)
- 15 cl de crème fraîche épaisse
- 2 cuill. à soupe de Cointreau ou de Grand Marnier

POUR SERVIR

- 1 cuill. à soupe de cacao en poudre
- quelques cantuccini ou amaretti (biscuits italiens aux amandes)

1 Cassez le chocolat en carrés et mettez-le dans un saladier. Réservez 2 cuillerées à soupe de crème fraîche, puis mélangez le reste avec la liqueur dans une casserole. Portez à ébullition, ôtez du feu et versez le mélange sur le chocolat, sans cesser de remuer, jusqu'à l'obtention d'une crème homogène. Transvasez dans deux coupes et laissez refroidir légèrement.

2 Versez la crème fraîche réservée dans un autre saladier. Battez-la au fouet pour la faire épaissir, puis déposez-la sur la mousse. Réservez au réfrigérateur pendant au moins 20 minutes pour que la crème durcisse. Pendant ce temps, découpez dans un morceau de carton épais une forme en cœur ou utilisez un emporte-pièce.

3 Au moment de servir, posez le pochoir en carton sur la crème et saupoudrez-le de cacao en poudre. Ôtez délicatement le gabarit et répétez l'opération pour l'autre coupe. Servez avec des cantuccini ou des amaretti.

• Par portion : 566 Calories – Protéines : 3 g – Glucides : 17 g – Lipides : 51 g (dont 28 g de graisses saturées) – Fibres : 2 g – Sel : 0,05 g – Sucres ajoutés : 12 g.

Ce dessert hivernal ravira à coup sûr tous vos invités.

Crumbles aux pommes et au caramel

Pour 4 personnes
Préparation et cuisson : 40 min

- 8 pommes à couteau
- 6 cuill. à soupe de crème de caramel
- 50 g de beurre froid
- 50 g de farine
- 50 g de flocons d'avoine

1 Préchauffez le four à 220 °C (therm. 7-8). Pelez les pommes, évidez-les, coupez-les en dés et mettez-les dans une casserole. Ajoutez un peu d'eau, couvrez et faites cuire à feu vif 4 ou 5 minutes, en remuant régulièrement, jusqu'à ce que les pommes soient tendres. Incorporez 3 cuillerées à soupe de crème de caramel. Transférez la préparation dans quatre petits plats allant au four. Réservez 1 cuillerée à soupe de crème de caramel et répartissez le reste sur les fruits à l'aide d'une cuillère à café.

2 Coupez le beurre en dés. Dans un saladier, réunissez la farine, les flocons d'avoine et le beurre. Mélangez du bout des doigts jusqu'à l'obtention d'une pâte granuleuse, puis incorporez la crème de caramel réservée. Répartissez la pâte sur les fruits, enfournez pour 15 minutes et servez.

• Par portion : 340 Calories – Protéines : 5 g – Glucides : 54 g – Lipides : 13 g (dont 8 g de graisses saturées) – Fibres : 5 g – Sel : 0,27 g – Sucres ajoutés : 36 g.

Servez ces petits puddings avec une boule de glace, en dessert ou à l'heure du goûter.

Délices aux amandes et au miel

Pour 2 personnes
Préparation et cuisson : 30 min

- 30 g de beurre
- 2 cuill. à café de miel liquide
- 50 g de farine à levure incorporée
- 25 g d'amandes en poudre
- 50 g de sucre roux
- 1 pincée de bicarbonate de soude
- 85 g de yaourt à la grecque
- 1 gros œuf

POUR SERVIR

- 1 cuill. à soupe de pistaches décortiquées
- glace à la pistache

1 Préchauffez le four à 180 °C (therm. 6). Beurrez deux ramequins, tapissez-en le fond d'un disque de papier sulfurisé et versez 1 cuillerée à café de miel dans chaque récipient.

2 Dans un saladier, réunissez la farine, les amandes en poudre, le sucre et le bicarbonate de soude, puis mélangez le tout. Faites fondre le beurre dans une casserole à feu doux. Mélangez-le dans un autre saladier avec le yaourt et l'œuf. Incorporez le mélange aux ingrédients secs, jusqu'à l'obtention d'une pâte homogène. Versez-la dans les ramequins, posez ceux-ci sur une plaque de cuisson et enfournez pour 20 minutes – la lame d'un couteau enfoncée au milieu doit en ressortir propre.

3 Glissez la lame d'un couteau entre le bord du gâteau et celui du récipient. Démoulez les puddings sur deux assiettes et ôtez le papier sulfurisé. Hachez grossièrement les pistaches. Nappez les gâteaux d'un peu de miel et ajoutez 1 boule de glace à la pistache dans chaque assiette. Parsemez d'éclats de pistaches, puis servez.

• Par portion : 545 Calories – Protéines : 13 g – Glucides : 55 g – Lipides : 32 g (dont 13 g de graisses saturées) – Fibres : 2 g – Sel : 1,14 g – Sucres ajoutés : 35 g.

Ces fruits rouges caramélisés se mangent chauds et peuvent servir à napper de nombreux desserts.

Glace et fruits rouges caramélisés

Pour 4 personnes
Préparation et cuisson : 10 min

- 1 noix de beurre
- 2 cuill. à soupe de sucre en poudre
- 1 cuill. à café d'extrait de vanille liquide
- 200 g de framboises fraîches
- 200 g de myrtilles fraîches

POUR SERVIR
- glace à la vanille

1 Dans une casserole, faites fondre le beurre à feu doux. Ajoutez le sucre et l'extrait de vanille, puis laissez cuire en remuant constamment jusqu'à ce que le sucre ait fondu.

2 Incorporez les framboises et les myrtilles en secouant la casserole, puis laissez cuire 2 ou 3 minutes, jusqu'à ce que les fruits commencent à ramollir. Servez ces fruits rouges caramélisés sur de la glace à la vanille.

• Par portion : 233 Calories – Protéines : 4 g – Glucides : 32 g – Lipides : 11 g (dont 7 g de graisses saturées) – Fibres : 2 g – Sel : 0,18 g – Sucres ajoutés : 31 g.

Le sucre demerara est un sucre granulé enrobé de mélasse qui a la particularité de se transformer en caramel quand il est mis au frais. Vous en trouverez dans les épiceries fines.

Yaourts caramélisés à la banane

Pour 4 personnes
Préparation : 15 min
Réfrigération : 20 minutes

- 3 ou 4 bananes
- 25 g de noix de pécan
- 450 g de yaourt nature épais
- 4 cuill. à soupe de sucre demerara (dans les épiceries fines)

1 Coupez les bananes en lamelles et hachez les noix de pécan. Déposez environ 1 cuillerée à soupe de yaourt au fond de quatre verrines. Ajoutez une couche de morceaux de bananes et répétez l'opération en alternant les couches jusqu'à ce que les verrines soient pleines.

2 Parsemez de sucre demerara et d'éclats de noix de pécan. Réservez au frais pendant 20 minutes, jusqu'à ce que le sucre ait caramélisé, puis servez.

• Par portion : 230 Calories – Protéines : 7 g – Glucides : 40 g – Lipides : 6 g (dont 1 g de graisses saturées) – Fibres : 1 g – Sel : 0,23 g – Sucres ajoutés : 39 g.

La pâte feuilletée prête à l'emploi permet de gagner du temps et de préparer rapidement de délicieuses tartelettes.

Tartelettes à la rhubarbe et aux flocons d'avoine

Pour 4 personnes
Préparation et cuisson : 35 min

- 5 tiges de rhubarbe
- 1 cuill. à café de cannelle en poudre
- 3 cuill. à soupe de farine
- 5 cuill. à soupe de sucre brun
- 250 g de pâte feuilletée prête à l'emploi
- 45 g de beurre à température ambiante
- 50 g de flocons d'avoine

1 Préchauffez le four à 200 °C (therm. 6-7) et tapissez une plaque de cuisson de papier sulfurisé. Coupez la rhubarbe en morceaux de 3 cm et mettez-les dans un saladier. Ajoutez la cannelle, 1 cuillerée à soupe de farine, 2 cuillerées à soupe de sucre et mélangez bien le tout.

2 Farinez le plan de travail, puis étalez la pâte feuilletée pour former un rectangle d'environ 20 x 30 cm. Divisez la pâte en quatre morceaux et transférez-les sur la plaque de cuisson.

3 Dans un autre saladier, réunissez le reste de la farine et du sucre, le beurre et les flocons d'avoine. Mélangez du bout des doigts jusqu'à l'obtention d'une pâte granuleuse. Répartissez la rhubarbe sur les rectangles de pâte, en laissant 1 cm de bord pâte sans garniture. Parsemez de pâte à crumble, puis rabattez et pincez les angles de pâte pour retenir la garniture. Enfournez pour 20 minutes et servez chaud.

• Par portion : 465 Calories – Protéines : 6 g – Glucides : 53 g – Lipides : 27 g (dont 13 g de graisses saturées) – Fibres : 3 g – Sel : 0,57 g – Sucres ajoutés : 21 g.

Ce dessert sobre et raffiné est particulièrement agréable en été.
Pour les enfants, supprimez le vin doux
et remplacez-le, éventuellement, par du chocolat fondu.

Sorbet au vin doux

Pour 4 personnes
Préparation : 5 min
Décongélation : 10 min

- 50 cl de sorbet à la pêche ou à la mangue
- 8 cuill. à soupe de vin doux

POUR SERVIR

- 8 biscuits fins et croquants

1 Sortez le sorbet du congélateur 10 minutes à l'avance pour le laisser ramollir.

2 Déposez trois boules de sorbet dans quatre assiettes et arrosez-les de 2 cuillerées à soupe de vin doux. Servez avec des biscuits.

• Par portion : 108 Calories – Protéines : 0,2 g – Glucides : 22 g – Lipides : 0,2 g (Pas de graisses saturées) – Pas de fibres – Sel : 0,03 g – Sucres ajoutés : 21 g.

Terminez un repas italien par ces petites crèmes fondantes au goût de tiramisu. Le vin santo est un vin sucré de Toscane.

Crème de mascarpone au chocolat

Pour 6 personnes
Préparation : 10 min

- 250 g de mascarpone
- 4 cuill. à café de sucre glace
- 20 cl de crème à la vanille (type crème anglaise)
- 25 g de chocolat noir
- 1 orange non traitée

POUR SERVIR

- 6 expressos ou 6 tasses de café très fort
- 40 cl de vin santo
- 250 g de cantuccini ou de *biscotti* (biscuits secs italiens)

1 Mettez le mascarpone dans un saladier et battez-le au fouet. Ajoutez le sucre glace et la crème à la vanille, puis mélangez jusqu'à l'obtention d'une texture onctueuse. Râpez le chocolat et le zeste de l'orange, puis incorporez-les à la préparation. Répartissez la crème dans six verrines, couvrez et réservez au réfrigérateur jusqu'au moment de servir.

2 Un peu avant de servir, préparez les expressos. Servez les crèmes au chocolat avec un café, un verre de vin santo et quelques biscuits italiens.

• Par portion : 263 Calories – Protéines : 3 g – Glucides : 13 g – Lipides : 23 g (dont 14 g de graisses saturées) – Pas de fibres – Sel : 0,15 g – Sucres ajoutés : 10 g.

Découvrez comment transformer de simples fruits secs en succulent dessert à l'aide d'un peu de jus d'orange et de quelques épices.

Compotée de fruits secs aux épices

Pour 4 personnes
Préparation et cuisson : 10 min

- 6 oranges
- 500 g de fruits secs mélangés (pruneaux, abricots, figues, raisins…)
- 1/2 bâton de cannelle
- 6 clous de girofle
- 6 grains de poivre noir

POUR SERVIR

- yaourt à la grecque à 0 % de matière grasse ou fromage blanc allégé

1 Pressez les oranges afin d'obtenir 20 cl de jus. Réunissez dans un saladier allant au micro-ondes les fruits secs, le jus d'orange et les épices. Faites chauffer le tout au micro-ondes à puissance maximale pendant 4 ou 5 minutes, jusqu'à ce que le jus soit sirupeux et les fruits réhydratés.

2 Laissez reposer 1 minute, puis transférez dans des bols. Nappez de 1 cuillerée à soupe de yaourt ou de fromage blanc et servez.

• Par portion : 352 Calories – Protéines : 3 g – Glucides : 89 g – Lipides : 1 g (Pas de graisses saturées) – Fibres : 3 g – Sel : 0,15 g – Pas de sucres ajoutés.

Ce dessert inspiré du sabayon doit son originalité à l'emploi de vin rosé et de zeste de citron vert, parfaits pour accompagner des fraises.

Fraises et crème au rosé

Pour 6 personnes
Préparation et cuisson : 20 min
Repos : 20 min

- 700 g de fraises fraîches
- 3 cuill. à soupe de sucre blond
- 40 cl de rosé

POUR LA CRÈME AU ROSÉ
- 1 citron vert non traité
- 50 g de sucre blond en poudre
- 15 cl de rosé bien frais
- 30 cl de crème fraîche épaisse

1 Équeutez les fraises et mettez-les dans un saladier. Coupez-les en deux si elles sont grosses, puis saupoudrez-les de sucre. Laissez reposer 10 minutes et remuez délicatement le tout. Versez le rosé dans le saladier, puis laissez reposer 10 minutes de plus.

2 Pendant ce temps, préparez la crème au rosé. Râpez finement le zeste de citron et pressez le fruit. Introduisez les trois quarts du zeste râpé dans une cruche avec le sucre en poudre, puis versez le rosé et le jus de citron. Remuez le tout jusqu'à ce que le sucre soit dissous. Dans un autre saladier, battez la crème fraîche à l'aide d'un fouet, puis incorporez progressivement le contenu de la cruche, sans cesser de battre, jusqu'à l'obtention d'une crème fouettée parfumée.

3 Servez les fraises et leur jus dans des bols, puis ajoutez 1 cuillerée de crème au rosé. Parsemez la crème du reste de zeste de citron et servez.

• Par portion : 387 Calories – Protéines : 2 g – Glucides : 27 g – Lipides : 26 g (dont 14 g de graisses saturées) – Fibres : 1 g – Sel : 0,05 g – Sucres ajoutés : 27 g.

Index

Crédits photographiques

L'éditeur remercie les personnes suivantes pour l'avoir autorisé à reproduire leurs photographies. En dépit de tous ses efforts pour lister les copyrights, l'éditeur présente par avance ses excuses pour d'éventuels oublis ou erreurs, et s'engage à en faire la correction dès la première réimpression du présent ouvrage.

Marie-Louise Avery p. 157 ; Peter Cassidy p. 95 ; Dean Grennan p. 15 ; William Lingwood p. 111, p. 181 ; Gareth Morgans p. 23, p. 43, p. 53, p. 89, p. 91, p. 93, p. 103, p. 115, p. 131, p. 135, p. 139, p. 165, p. 167, p. 171, p. 199 ; David Munns p. 47, p. 117, p. 119, p. 141, p. 179, p. 191, p. 203 ; Myles New p. 11, p. 17, p. 19, p. 21, p. 25, p. 35, p. 41, p. 49, p. 59, p. 61, p. 63, p. 65, p. 67, p. 71, p. 73, p. 97, p. 99, p. 101, p. 109, p. 137, p. 145, p. 155, p. 169, p. 175, p. 189, p. 197 ; Lis Parsons p. 13, p. 27, p. 29, p. 33, p. 37, p. 45, p. 69, p. 77, p. 81, p. 83, p. 85, p. 87, p. 105, p. 113, p. 121, p. 123, p. 125, p. 147, p. 149, p. 153, p. 161, p. 163, p. 173, p. 177, p. 193, p. 195, p. 205 ; Craig Robertson p. 207 ; Brett Stevens p. 39, p. 51, p. 57 ; Roger Stowell p. 127, p. 159 ; Yuki Sugiura p. 31 ; Dawie Verwey p. 79, p. 107, p. 143, p. 151, p. 183, p. 185, p. 187 ; Simon Walton p. 201 ; Philip Webb p. 75, p. 129, p. 133, p. 209, p. 211 ; Kate Whitaker p. 55

Toutes les recettes de ce livre ont été créées par l'équipe de BBC Good Food magazine.

Imprimé en Espagne par Graficas Estella, Estella
Dépôt légal : septembre 2010 – 304557/01 – 11010973 juillet 2010